Warum blüht mein Flieder nicht?

Die Texte entstammen Kolumnen der BERLINER MORGENPOST *und der* WELT AM SONNTAG.

GABRIELLA PAPE
beantwortet die wichtigsten Fragen
im Gartenjahr

CALLWEY

Inhalt

- 6 **EIN NEUES JAHR BEGINNT**
- 8 Das Kribbeln hört nicht auf
- 10 Zuverlässige Blüher trotz Schnee und Eis
- 12 Wie stiefmütterlich ist eigentlich das Stiefmütterchen?
- 14 Expertenrat

- 16 **GEDANKEN ZUM JAHRESANFANG**
- 18 Eigenansaat ist hip
- 20 Bäume, die der Kälte trotzen
- 22 Kirsche ist nicht gleich Kirsche
- 24 Die Elfe unter den Blumen
- 26 Ein blaues Wunder im Garten
- 28 Ein alter Gartenschatz neu belebt
- 30 Die Dahlie hält Einzug in die Gärten
- 32 Blühende Gehölze
- 34 Zeit für Gräser

- 36 **ENDLICH KOMMT DER FRÜHLING**
- 38 Jetzt aber los!
- 40 Chili con Balkoni
- 42 Arbeitsreiche Wochenenden
- 44 Lebendig mulchen
- 46 Expertenrat

- 48 **DER SOMMER STEHT VOR DER TÜR**
- 50 Drama braucht das Beet im Mai
- 52 Über die Verwandtschaft des Schnittlauchs
- 54 Gemüse für den Balkon
- 56 Der Chelsea-Schnitt (The Chelsea Chop)
- 58 Lobgesang auf die Einjährigen!
- 60 Oh, diese Früchtchen…
- 62 Motte in Blätterteig
- 64 Umwerfender Farbenrausch
- 66 Von Rosen und Fingerhüten
- 68 Expertenrat

- 70 **DER SOMMER IST DA!**
- 72 Von Ramblern
- 74 Über Mohn und mehr
- 76 Katzenminze ist nicht gleich Katzenminze
- 78 Sommer ist Oleanderzeit

- 80 GARTENPARADIESE PLANEN
- 82 Der Gartenplan
- 88 Der Pflanzplan – oder „es wird durchgeblüht"
- 90 Das Paradies vor der eigenen Haustür
- 92 Von Räumen und Plätzen im Garten
- 94 Über Wege zum Haus und im Garten
- 96 Terrassenbeläge aus Stein
- 98 Holzterrassen und Decks
- 100 Hecken und Zäune als Einfassung oder Raumteilung
- 102 Rankhilfen
- 104 Wasser im Garten
- 106 Expertenrat

- 110 DER PERFEKTE GARTEN
- 112 Blickfang im Spätsommer
- 114 Der Garten vor und in den Ferien
- 118 Zeit für den Garten
- 120 Die Haarpracht von Mutter Erde
- 122 Farbe im Spätsommer

- 124 Ohne Heide und Chrysanthemen
- 126 Expertenrat

- 128 DER HERBST IST PFLANZZEIT
- 130 Jetzt beginnt die Pflanzzeit
- 132 Eine Zwiebel ist eine Zwiebel ist eine Zwiebel
- 134 Expertenrat

- 136 EIN GARTENJAHR NEIGT SICH DEM ENDE ZU
- 138 Schneebälle
- 140 Verpackungskünste
- 142 Zwiebeln zu Weihnachten
- 144 Ölweiden für den Winter
- 146 Wenn die Schneekirsche mit der Schneekönigin tanzt
- 148 Erna, der Baum nadelt
- 150 Man küsst sich unterm Mistelzweig

- 152 SERVICE
- 154 REGISTER
- 160 IMPRESSUM

EIN NEUES JAHR BEGINNT

---

*Sie werden merken,
dass das Kribbeln im Garten –
trotz der kälteren Temperaturen
und des leichten Schneefalls –
nicht aufhört.*

Das Kribbeln hört nicht auf

▸............ DAS WUNDERBARE AN EINEM MILDEN WINTER und der Vorfrühlingsperiode ist, dass die Natur so langsam aufwacht, und man sich die Zeit nehmen kann, jede einzelne Pflanze beim Aufwachen und Aufblühen zu beobachten und zu genießen. In den letzten Jahren, als die Natur sich so abrupt von tiefem Winter auf Frühsommer umstellen musste, fand die ganze Vorfrühlings- und Frühlingspracht in wenigen Wochen statt und man musste mindestens zweimal am Tag, etwas atemlos, durch den Garten eilen, um sicherzugehen, dass man nicht eine Vorstellung dieser vielen Schätze verpasst. Daher sollte man jetzt schon einmal den Garten durchstöbern, und wenn die Erde noch immer weich genug ist, kann man schon mal mit den Fingerspitzen nach den Nasen der Zwiebeln suchen, die Sie hoffentlich im Herbst gepflanzt haben.

Sie werden merken, dass das Kribbeln im Garten – trotz der kälteren Temperaturen und des leichten Schneefalls – nicht aufhört. Schneeglöckchen breiten ihre weißen Flügel aus und Winterlinge öffnen ihre butterblumengelben Petalen auf der Suche nach ein paar Sonnenstrahlen; auch die frühen Alpenveilchen *(Cyclamen coum)* entfalten ihre purpurnen und lila Blümchen, selbst im tiefsten Schatten. Erstaunt beobachte ich immer wieder, wie die Blütenblätter einiger Winterblüher und Zwiebelblumen, wie auch die zarten Blütenblätter der stark duftenden Zaubernuss, unbeeinträchtigt von Frost und Schnee, frisch bleiben.

Wenn man sich die Beete genauer anschaut, merkt man wie auch die anderen Zwiebeln schon in den Startlöchern stehen: Narzissen zeigen ihre Knospen, Tulpen und Zierlauch möchten auch nichts verpassen und schauen schon mal aus der Erde heraus. Viele von Ihnen machen sich wegen des frühzeitigen Austreibens Sorgen. Normalerweise dürfte dies aber kein Problem sein. Diese Zwiebeln sind absolut winterhart und darauf eingestellt, auch mit späteren Kälteperioden umgehen zu können. Schwieriger ist es für Zwiebeln in Kübeln und Balkonkästen, da es bei diesem Wetter für sie zu feucht werden könnte. Ich habe schon mehr Zwiebeln in Töpfen durch zu viel Feuchtigkeit verloren als durch Kälte. Am besten stellen Sie Ihre Kübel an die Hauswand, wo sie einigermaßen vor Regen geschützt, leicht erhöht stehen, sodass das Wasser gut abfließen kann.

.... Warten Sie nicht allzu lange mit den Frühlingsvorbereitungen Ihrer Beete. Je länger Sie warten, desto schwieriger wird es, die Beete zu betreten und sich zwischen den austreibenden Stauden zu bewegen. ....

Pflanzen reagieren immer unterschiedlich auf eine so frühe Saison. Einige freuen sich über die ersten warmen Tage und legen gleich los. Andere, Vernünftige, warten ihre Zeit ab und treiben erst dann aus, wenn die Tageslänge ihren Bedürfnissen entsprechend richtig ist. Kollabierende Gräser und Stauden können zu jeder Zeit entfernt und in kleine Teile zerteilt auf dem Komposthaufen entsorgt werden. Solange der Boden nicht hart gefroren ist, können Sie Kompost als Mulch ausbringen und Ihre Rosen mit abgelagertem Mist abdecken, wenn Sie dies nicht schon im Herbst getan haben. Mit dem Rosenschnitt warte ich noch bis März, aber anderen Gehölzen, wie dem Sommerflieder, können Sie noch im Spätwinter die Schere zeigen. Die später blühenden Clematis-Sorten, die Schnitt gut vertragen, sollten jetzt auf 30-50 cm heruntergeschnitten werden. Sie treiben immer so schnell aus, sobald es milder wird, dass man sich dann kaum mehr traut, sie abzuschneiden. Im Frühjahr blühende Arten wie die *Clematis alpina*, *C. montana* und *C. macropetala* sollten, wenn überhaupt, erst nach der Blüte geschnitten werden.
Also hören Sie auf, über den Regen und die Abwesenheit der Sonne zu meckern, und seien Sie stattdessen froh darüber, wenn nach einem trockenen Herbst das Grundwasser wieder gut aufgefüllt wird und Sie in aller Ruhe Ihre frühen Helden im Garten genießen können.

Zuverlässige Blüher trotz Schnee und Eis

▸............ DER FEBRUAR WÄRE EIN GUTER ZEITPUNKT, um Christ- und Lenzrosen für die Terrasse und den Balkon zu testen. Das Gute ist: Wir haben sie schon für Sie getestet und festgestellt, dass beide Vertreter dieser winterharten Stauden tatsächlich sehr hart im Nehmen sind. Wir haben alle uns zur Verfügung stehenden Sorten in Töpfen dem eisigen Wetter ausgesetzt und trotz zermürbender Temperaturen haben sie alle in den letzten zwei Tagen ihre erschöpften Köpfe wieder gen Himmel gestreckt. Hierbei ist anzumerken, dass sich die Christrosen, also die *Helleborous niger*, über den Winter wesentlich besser im Topf halten als die Lenzrose *(Helleborous orientalis)*. Wie der Name schon leicht verrät, kommen diese schönen Winterblüher aus orientalischen und wärmeren Ländern wie Griechenland, der Türkei und dem Kaukasus. Im Volksmund hat diese Pflanze leider viel zu viele verwirrende Namen, wie zum Beispiel Frühlings-*Christ*rose (so ein Blödsinn), da ist die Bezeichnung Lenzrose, weil sie im Lenz blüht, schon wesentlich verständlicher.

Sollten Sie eine dieser beiden Spezies bereits im Topf haben, dann empfehle ich, sie zu gießen, sobald die Erde im Topf aufgetaut ist, denn die meisten *Helleborus*-Sorten erfrieren nicht im Winter, sondern vertrocknen in den ersten Monaten des Jahres, da wir glauben, die Natur läge noch im Winterschlaf. Ganz besonders gefährdet sind Balkonpflanzen, denn sie sind oft auch starken Winden und Turbulenzen ausgesetzt, die sehr schnell zur Austrocknung der Töpfe führen können. Vertreter der Gattung *Helleborus* sind sehr schattenverträgliche Waldpflanzen, die sich die lichten Monate unter dem sonst laubbedeckten Walddach zunutze machen, um zu blühen und zu gedeihen. So ist es zum Beispiel ausgesprochen wichtig, dass sie lange vor allen anderen Pflanzen gedüngt werden, nämlich im Spätwinter, wenn sie viel Kraft für die Blüte brauchen. Nach der Blüte verziehen sich die Blüten und auch ein Großteil der alten Blätter in den Boden und entwickeln bereits im Sommer neues Blattwerk für das kommende Jahr. Der Hochsommer, im Juli /August, ist ein weiterer Zeitpunkt, in der sie eine weitere Gabe Dünger genießen, besonders wenn sie im Topf wachsen. Sie können die über den Winter im Topf gehaltenen Pflanzen auch gern nach der Blüte in den Garten setzen, denn sie lieben auf lange Sicht den gewachsenen Gartenboden wesentlich mehr als den Topf.

.... Helleboren sind Kalkliebhaber und werden es Ihnen immer danken, wenn Sie eine Gabe Muschelkalk oder Bentonit spendieren. Eierschalen sind auch eine gute Idee, allerdings nützt es gar nichts, wenn Sie diese als ganze Schale neben die Pflanze legen, auch sieht das nicht so chic aus, sie sollten vorher schon im Mörser zerstoßen werden. ....

Es gibt mittlerweile so unglaublich viele Züchtungen der Spezies *H. orientalis*, dass es mir fast schwerfällt, hier einige zu empfehlen, denn ich liebe sie fast alle, mit ihren entzückenden Besprenkelungen oder gar fast ganz schwarzen Blüten. Während der letzten Jahre haben die Züchter hauptsächlich daran gearbeitet, die Köpfe der Lenzrosen aufzurichten, um auch das eigentlich Schöne im Innern der Blüte von oben sehen zu können. Schon ziemlich aufrecht stehen Sorten wie 'Pink-Lady', 'Pink Spotted Lady', 'Red Lady' oder 'White Lady'. Sie sehen, es handelt sich um eine Lady. Sehr vielblütig und auch noch recht neu im Sortiment sind Sorten wie 'Melody' und die Hybride 'Winter Sunshine'.

Wie stiefmütterlich ist eigentlich das Stiefmütterchen?

▶............ KAUM SINGT DIE ERSTE MEISE in der Hecke ihr „Zizipezizipe", treibt es selbst die weniger leidenschaftlichen Gartenfreunde in ein Gartencenter oder Blumengeschäft, um sich etwas Buntes in die Stube oder auf den Balkon zu holen. Dabei schneidet eine Pflanze um diese Jahreszeit besonders gut ab: das Stiefmütterchen. Ich bevorzuge allerdings die Bezeichnung Veilchen, denn diese Gruppe umfasst auch die von mir lieber verwendeten kleinblütigen Veilchen. Das Stiefmütterchen, ob geliebt oder verhasst, hat in den letzten zehn Jahren eine Art Achterbahnfahrt erlebt. Die einen lieben es, weil es so schön *old fashioned* ist, weil es wenig kostet, vielerorts sogar unsere kalten Winter aushält und eine gefühlte Ewigkeit blüht. Die anderen verpönen es aus genau diesen Gründen. Sie stehen in dem Ruf, besonders Kurparkklinik-Beete in verschlafenen Kurorten zu schmücken. Doch das haben sie nicht verdient, denn nicht nur die kleinen Zuchtviolen erleben eine Renaissance, sondern auch die kleinen Duftviolen. Dies mag alles ein wenig verwirrend klingen, daher noch einmal zum Verständnis: Das Stiefmütterchen hat seinen negativ behafteten Namen aufgrund der Positionierung der Blütenblätter erhalten; wahrlich nicht sehr originell. Die Blüte hat fünf Blütenblätter, wobei das unterste, breite Kronblatt (die Stiefmutter) die beiden links und rechts davon stehenden Blütenblätter (die Töchter) teils bedeckt. Diese verdecken wiederum ihre Kinder, die beiden dahinter liegenden Blütenblätter. So verhält es sich jedenfalls bei den reinen, klaren Züchtungen. Aber es gibt mittlerweile durch Züchtung so verkorkste Blüten, dass man das eine Blütenblatt überhaupt nicht vom anderen unterscheiden kann.

.... Ich möchte ein Plädoyer für die zierlicheren Hornveilchen halten, nicht nur, weil sie eine Renaissance erleben, sondern weil sie bezaubernd einfache Garten- und Balkonhelden sind, die im Gegensatz zum Zuchtstiefmütterchen auch noch herrlich duften. ....

Übrigens gibt es rund 500 Veilchen-Spezies und einige davon sind so entzückend, dass sie meines Erachtens in keinem Garten und auf keinem Balkon fehlen sollten. Übrigens sind sie alle winterhart. Eine der ältesten ist *Viola odorata*, das Duftveilchen, auf Englisch wird es als Sweet Violet – süße Viole – bezeichnet. Wer sich nicht mit neuen Sorten abmühen möchte, liegt bei dieser einheimischen Pflanze schon ganz richtig; sie ist dunkelviolett, stark duftend, winterhart, blüht von Januar bis April und ist unser absoluter Favorit für die Unterpflanzung von Rosenbüschen, denn das Duftveilchen verschönert die nackten, nicht sehr ansprechenden Basistriebe der Rosen im Frühjahr perfekt. Wenn man die Veilchen dicht genug an die Rose setzt, klettern sie sogar in voller Blüte in die unteren Triebe hinein. Aber auch als Bepflanzung jeglicher anderer nackter Stellen im Frühjahrsgarten sind sie ideal, denn kaum beginnen sich andere Pflanzen auszubreiten, ziehen sie sich in die Erde zurück und warten auf das nächste Frühjahr. Da sie nur wenig zum Leben benötigen, werden sie nie zu einer Belastung für ihre Mitstreiter. Für richtige Freaks nenne ich ein paar coole Sorten, die allerdings eventuell nicht so leicht in unseren Gefilden zu bekommen sind. Ganz bezaubernd ist *Viola odorata* 'Sulphurea', ein cremefarbenes kleines Blümchen, das ganz plötzlich im Garten auftaucht. Eine der ältesten Violen ist die rosa blühende 'Perle Rose', die seit 1902 in Frankreich kultiviert wird. *Viola* 'Mrs. Barton' ist in milden Wintern rein weiß und verfärbt sich bei Kälte lila. *Viola odorata* 'Kimberley's Alice' ist eine kräftig rotviolette Sorte, die jedes Veilchenliebhaberherz höher schlagen lässt. Leichter zu bekommen und ideal für Einsteiger sind die weiße *Viola odorata* 'Alba', die zart blaue *Viola odorata* 'Königin Charlotte', oder auch die in zartem Rot blühende *Viola odorata* 'Red Charm'.

Liebe Frau Pape,

unsere blau blühende Glyzine macht mir Sorgen. Normalerweise blüht sie um diese Jahreszeit in voller Pracht, doch dieses Jahr hat sie erst drei Blüten, die sozusagen an einem kahlen Gerippe hängen. Blätter gibt es so gut wie keine.
Unsere Glyzine ist ca. 5-6 m hoch und rankt sich ca. 6-8 m an einem Balkon entlang. Normalerweise ist sie so dicht, dass eine Art Laubengang entsteht. Wir hatten dieses Jahr drei Wochen ca. -20 °C; ist sie etwa erfroren oder vertrocknet? Was kann ich tun, damit sie sich wieder erholt? Wir lieben unsere Glyzine – für Ihren Rat wäre ich Ihnen sehr, sehr dankbar.
Mit den besten Grüßen aus dem sonnigen Stuttgart, Ihre S. B.

Tja, liebe Frau B.,

ohne nun diese Pflanze vor mir zu sehen und an der Rinde kratzen zu können, fällt es mir nicht leicht, Ihre Befürchtung zu bestätigen, doch hört sich alles nach einem nachhaltigen Frostschaden an. Ich habe diese Phänomen im Frühjahr 2012 an mehreren Glyzinen gesehen, denn besonders Pflanzen an exponierten Stellen hatten bereits im Januar begonnen, ihre Knospen zu entwickeln und keinen Zugang zu Wasser, da es ja auch keine Schneedecke gab. Dann kam diese klirrende Kälte, gefolgt von weiterer Trockenheit, und das hat den Pflanzen an den exponierten Standorten besonders arg zu schaffen gemacht. Ich fürchte, dass Ihre Glyzine, wenn sie bis heute noch immer keine Blätter gebildet hat, tatsächlich dem Frost zum Opfer gefallen ist. Da Sie ja sagten, es sei nicht alles tot, empfehle ich, in den nächsten zwei Wochen das Totholz so weit es geht herauszufummeln, denn das ist, wie Sie sich vorstellen können, wirklich eine Fummelei in dem Geäst, und dann pflanzen Sie genau neben die alte Glyzine eine neu. Die kann dann gemütlich an ihrer alten Kollegin hochranken und wird über kurz oder lang das Drama dieses Winters verdecken und in Vergessenheit bringen. Kopf hoch, beim zweiten Mal wird alles besser.

Liebe Frau Pape,

seit einigen Jahren habe ich eine Kamelie. Der erste Standort war nicht geeignet – dann habe ich sie umgepflanzt und jetzt ist eigentlich alles perfekt. Ich hatte schon teilweise Blüten im November und Dezember!
Ich dünge nach der Blüte ein Mal pro Woche bis Ende Juli mit einem speziellen Kameliendünger. Im Winter wird sie, wenn es sehr kalt wird, mit einem Vlies eingepackt. Wir wässern nur mit Regenwasser. Letzten Winter, o Schreck, zum größten Teil verfroren. Circa 100 Knospen. Sehr traurig. Wir haben sie jetzt von unserem Gärtner etwas zurückschneiden lassen. Soll ich jetzt düngen wie immer? Ich habe auch schon mit Kamelien-Liebhabern gesprochen, die überhaupt nicht düngen oder wenn, dann nur mit einem normalem Blumendünger.
Für Hinweise, wie ich meiner „große Liebe" wieder zurück zur alten Schönheit helfen kann, wäre ich sehr dankbar.
Liebe Grüße, U. N.

Liebe Frau N.,

es tut mir sehr leid, dass Ihre große Liebe Ihnen in diesem Jahr die kalte Schulter zeigt. Zurückschneiden ist ein sehr guter Tipp. Was das Düngen angehtt, so geben Sie jetzt bitte noch keinen Dünger, sondern erst, wenn die Kamelie wieder im Trieb ist, bzw. sich frische Knospen zeigen. Die Düngung an sich ist schon wichtig, damit sich Blütenknospen gut entwickeln. Sie werden sehen, es wird gut gehen.

GEDANKEN ZUM JAHRESANFANG

———

Die Pflanze ist ganz einfach unbeständig, was sie schon fast wieder menschlich macht und mir gut gefällt.

———

Eigenansaat ist hip

▶............ WER SICH VORGENOMMEN HAT, einmal selbst sein Glück mit der Pflanzenanzucht aus Samen zu beginnen, der sollte sich ab März in die Startlöcher begeben, denn viele Gartenblumen und Gemüse beginnen ihr Dasein auf der Fensterbank oder im Gewächshaus. Ich weiß ja, dass die meisten von Ihnen kein Gewächshaus haben und wahrscheinlich auch gar keins wollen, das ist völlig legitim, heißt aber lediglich, dass für Sie die Ansaat nicht im Februar, sondern im März zu tätigen ist. Dies liegt daran, dass Sie auf der Fensterbank, und sei sie noch sosehr nach Süden ausgerichtet, einfach nicht genug Licht für die kleinen Sämlinge zu bieten hätten. Gewächshaus hin oder her, jeder sollte es einmal probieren, der grüne Daumen ist ein Hirngespinst der grünen Branche. Geben Sie Ihrem ersten Versuch einen guten und fairen Start, dazu gehört vor allem frische Aussaaterde und nicht die Restbestände, die noch im Keller liegen.

.... Gönnen Sie sich Aussaaterde, die ist sterilisiert, und hat somit keine Krankheitskeime, sodass die kleinen, labilen Sämlinge den besten Start ins Leben bekommen. ....

Nehmen Sie saubere Plastikschalen oder einzelne Töpfe und folgen Sie den Angaben auf den Packungsbeilagen, denn jede Art hat ihre Eigenschaften. Sollten Sie unsicher sein, fragen Sie in der Gärtnerei, in der Sie die Saat kaufen. In den letzten Jahren ist ein richtiger Trend zur Eigensaat ausgebrochen, vor allem von solchen Pflanzen, die es nur sehr selten im Handel zu kaufen gibt und die man selbst geerntet hat. Da ist zuerst einmal das in den letzten Jahren sehr beliebt gewordene Patagonische Eisenkraut *(Verbena bonariensis)*, das sich in machen warmen Wintern großzügig im Garten von ganz alleine aussamt, in anderen Jahren wiederum sterben Mutterpflanzen samt Sämlingen. Mit anderen Worten: Die Pflanze ist ganz einfach unbeständig, was sie schon fast wieder menschlich macht und mir gut gefällt. Wer dieser Willkür ein Ende machen möchte, der sollte sich jetzt die Saat besorgen und sie im Topf aussäen. Es lohnt sich übrigens, über die Jahre selbst die Saat zu sammeln, um dann irgendwann mit Freunden einen regen Handel der selteneren Saat zu beginnen – Sie werden unerwartete Freundschaften erlangen. Andere Blumen, die spätestens im März ausgesät werden möchten, sind Hornveilchen, Kapuzinerkresse, Löwenmäulchen, Männertreu, Muskatellersalbei, Cosmeen, die Schwarzäugige Susanne, Sonnenhut, Spinnenblumen und Verbenen, nur für Vergissmeinnicht ist es zu spät, die fangen in Bälde an zu blühen und werden erst nach der Blütezeit ausgesät. Um noch einmal kurz auf die Veilchen zurückzukommen, da gibt es ja oft auch große Missverständnisse. Wenn ich von Veilchen schreibe, dann nur von dem kleinen zarten Hornveilchen *(Viola cornuta)* oder von Duftveilchen *(Viola odorata)*, die sich beide durch zierliche kleine, duftende Blüten auszeichnen, die nicht größer als 2–3, maximal 4 cm im Durchmesser sind. Die großblütigen Züchtungen, also die Hybriden aus allen möglichen Kreuzungen, die sogenannten Gartenstiefmütterchen, meine ich damit nicht, die sind mir allemal etwas zu laut und aufdringlich, zumal sie ja auch gar nicht duften. Sie sind im Übrigen, im Gegensatz zu den echten Veilchen, nicht wirklich mehrjährig, oder wie so nett in Wikipedia beschrieben: Sie sind nach wenigen Jahren formlos bis unansehnlich. Also versuchen Sie es ruhig mal mit den Hornveilchen, denn wenn man die regelmäßig auszupft, dann blühen die bis in den Spätsommer – und sie duften!

Bäume, die der Kälte trotzen

▸............ SIE WERDEN ES NICHT GLAUBEN, aber einige mutige Bäume und Sträucher zeigen schon im Spätwinter so dicke Knospen, dass man Angst hat, die Hüllblätter fliegen einem um die Ohren. Zu diesen Mutigen gehören neben der Kornelkirsche *(Cornus mas)* einige Magnolien. Diese unglaublich alte Pflanzengattung möchte ich Ihnen etwas näher bringen. Die Magnoliengewächse sind wohl über 100 Millionen Jahre alt, ein Alter, das für uns schier unvorstellbar ist. Und noch erstaunlicher ist, dass sie auf keiner Schönheitsfarm gewesen und einfach von Natur aus schön sind. Besonders wegen ihrer ausgeprägten und sehr attraktiven Blüten gehören die Magnolien zu den auffälligsten Ziergehölzen. Und dennoch oder gerade deshalb werden sie häufig als Diven angesehen. Die Magnolien werden in zwei große Gruppen unterteilt, was den unterschiedlichen Herkunftsarealen entspricht. Die eine Gruppe stammt aus Nordamerika bzw. dem nördlichen Südamerika, die andere aus Ostasien. Die „Amerikaner" sind meist sehr starkwüchsig und entwickeln sich oft zu großen Bäumen. Dazu gehört zum Beispiel *Magnolia acuminata*. Die „Asiaten" bleiben meistens wesentlich kleiner und wachsen weniger stark. Eine sehr bekannte Vertreterin ist *Magnolia stellata*, die schneeweiße Sternmagnolie. Sie gehört für mich zu den Mutigen, denn ihre schneeweißen Blüten öffnen sich häufig schon im März in enormer Fülle. Bei starkem Wind wirkt sie manchmal etwas struppig, was der Schönheit allerdings keinen Abbruch tut. Sie gilt als besonders frosthart, was in Anbetracht der letzten Winter eine hohe Qualität darstellt. Mittlerweile gibt es von dieser Sorte auch eine rosablühende Variante. *Magnolia* 'Susan' beeindruckt zum einen durch ihre Farbe, die von Violettrot bis hin zu Graumagenta reicht, und zum anderen durch ihre bemerkenswert lange Blütezeit von Ende April bis

Mai/Juni. Die Blüte der *Magnolia × soulangiana* wirkt eher edel. Die Tulpenmagnolie, wie sie auf Deutsch heißt, ist von etwas sparrigem Wuchs, wächst relativ langsam und entfaltet ihre tulpenähnlichen Blüten ebenfalls vor dem Laubaustrieb – das ist besonders bei älteren Exemplaren ein sehr beeindruckender Anblick. Zu den frühjahrsblühenden Kämpfern zählt *Magnolia × loebneri*. Hierbei handelt es sich um eine Kreuzung aus *Magnolia kobus* und *Magnolia stellata* 'Rosea', ein weiß oder rosa blühender Großstrauch. Es gibt natürlich auch bei den Magnolien Vertreter, die der Kälte ihre Blüten nicht preisgeben. So lässt *Magnolia sieboldii* den Blättern den Vortritt und entfaltet ihre Blütenpracht erst im Juni. Erwähnen möchte ich noch eine gelbblühende Form, auch wenn sie zu den Feiglingen gehört, die erst bei wärmeren Temperaturen ihre Blüten öffnen. *Magnolia × brooklynensis* ist ein schlanker Großstrauch, ja fast schon ein kleiner Baum.

.... Einen tollen Farbkleks im noch grauen Garten bringt die Scheinquitte (Chaenomeles) zustande. Ihre meist kräftig orangefarbenen Blüten sind häufig im öffentlichen Grün zu finden, da sie zudem auch sehr anspruchslos sind. ....

Auch eine andere Gattung von Sträuchern trotzt der Kälte. Es sind die Schneebälle *(Viburnum)*. In der Gattung gibt es sowohl immergrüne als auch laubabwerfende Sorten. Ein außerordentlicher Frühblüher ist *Viburnum × bodnantense*. Er ist ein mittelhoher Strauch mit unglaublich betörend duftenden, rosa Blüten, welche sich häufig im November schon einmal zeigen und im März/April zur vollen Blüte kommen. *Viburnum × burkwoodii* gehört zu den immergrünen Vertretern, blüht mit seinen stark duftenden Trugdolden im April und hebt sich noch ein paar Blüten für die Nachblühte im Dezember auf.

Kirsche ist nicht gleich Kirsche

▶............ WENN SIE GLAUBEN, dass Sie die Auswahl einer schönen Kirsche einer x-beliebigen Person überlassen können, dann liegen Sie wirklich völlig falsch. Dabei verhält es sich etwa so wie in einem dieser neuartigen Steakhäuser, wo jede Bestellung jeweils mit zehn Fragen hinterlegt wird. Beispiel: Sie sind froh, endlich ein Steak eines Tieres gefunden zu haben, von dem Sie wenigstens schon einmal gehört haben, und dann fragt der Kellner, wie Sie es gern hätten, ob blutig, englisch oder *rare* (übrigens alles das gleiche); kaum haben Sie sich entschieden, werden Sie gefragt, ob Sie es mit Kräuterbutter, Sauce Bernaise oder gesalzener Butter wünschen, und schließlich noch, ob Sie Salat oder Gemüse möchten, und wenn Salat, dann mit welchem Dressing usw. … Mit anderen Worten, eigentlich wollten Sie nur ein gutes Steak essen…

Und so ist es auch bei den Kirschen. Zuerst einmal sollten Sie sich fragen, ob Sie im Sommer gern Kirschen essen möchten oder ob eine schöne Blüte ohne Frucht auch den gewünschten Zweck erfüllt. Mit dieser bliebe Ihnen der Wettkampf mit den Vögeln um die Kirschen erspart.

Erschwerend kommt die Tatsache hinzu, dass die schönsten Blüten-Kirschen keine Früchte tragen. Wer Platz für einen Baum hat und sich für eine Zierkirsche (keine Früchte) entscheidet, kann sichergehen, dass alle mir bekannten Sorten sich im Herbst traumhaft verfärben. Und dies ist zweifelsohne eine echte Bereicherung für jeden Garten. *Prunus serrulata,* die Japanische Blütenkirsche zum Beispiel, ist eine bezaubernde rosarot, gefüllt blühende Kirsche, die den eigenen Garten in den nur wenigen Wochen ihrer Blüte in einen Zuckerwatterausch verwandelt. In Richmond, einem Stadtteil von London, gab es eine Allee von diesen Kirschbäumen, für die ich bestimmt zehn Mal pro Frühjahr einen langen Umweg fuhr, um unter ihrem Laubdach hindurchzuradeln. Ein ganz bezauberndes weißes Kleid, das aus rosa Knospen schlüpft, hat die Maienkirsche

(*Prunus* × *yedowensis*), deren Blüte die Japaner mit dem großen Kirschblütenfest zelebrieren. Sie ist häufig eher mehrstämmig, und der Höhepunkt ihrer Blütezeit ist erreicht, wenn der Wind die losen Blütenblätter durch die sanfte Mailuft wirbelt und den Garten mit ihren weißen, leuchtenden Blüten bedeckt. Dies sind die besonders bereichernden Momente des Gartenfrühjahrs, die es einzufangen gilt, um sie für dunklere Momente des Lebens im Herzen zu sammeln.

Es gibt natürlich noch viel mehr Arten und Sorten von schönen Zierkirschen, die ich hier gar nicht alle aufzählen kann; dennoch möchte ich noch auf die Kirsche hinweisen, die als Allererste blüht und manchmal sogar bereits im Herbst ihre hellrosafarbenen Knospen öffnet, daher auch ihr Name: *Prunus subhirtella* 'Autumnalis'.

Da aber nicht jeder von Ihnen einen so großen Garten besitzt, in dem Platz für einen richtigen Kirschbaum wäre, empfehle ich besonders die vielen kleinen, neuen strauchförmigen Kirschsorten.

.... Es gibt mittlerweile bereits kleine Kirschblütensträucher, die nicht größer als einen Meter hoch und 1,5 m breit werden. ....

Ein schönes Beispiel ist die neue Sorte *Prunus incisa* 'Kojou-no-Mai', deren Blätter sich im Herbst in traumhaftes Orangerot färben und die durchaus bis zu zehn Jahren in einem Topf auf dem Balkon glücklich blüht und gedeiht. Diese Sorte ist übrigens auch als wunderschöner Hochstamm erhältlich, der aus meiner Sicht so manche Hochstammrose in den Schatten stellt, zumal Rosen sich im Herbst nicht verfärben und schon gar nicht auf dem Balkon leben möchten. Ein weiterer Star der Zwergkirschenwelt ist *P. kurilensis* 'Brillant', der Tausende von kleinen Blüten hervorbringt, deren Farbe von Rosa nach Weiß changiert.

Die Elfe unter den Blumen

▶............ IN DEN LETZTEN JAHREN IST EINE BEZAUBERNDE, wenn auch recht unscheinbare Waldblume aus ihrem Schattendasein herausgetreten: die Elfenblume (*Epimedium*). Sie wurde vom Bund deutscher Staudenzüchter 2014 zur Blume des Jahres gekürt. Das hat für den Staudenliebhaber und auch für mich hoffentlich den großen Vorteil, dass all die wunderschönen Sorten, die wir seit Jahren aus fernen Ländern importieren mussten, nun endlich auch in Deutschland erhältlich sind. Als Gartengestalterin ist für mich speziell die Kategorie der bodendeckenden, also der Ausläufer bildenden Elfenblumen interessant, denn sie entwickeln dichte Wurzelgewebe in schattigen, halbschattigen und schwierigen Gartenbereichen. Besonders dort, wo Wurzelkonkurrenz durch Bäume und Trockenheit herrschen, können sie ein dichtes und für Unkräuter undurchlässiges Blätterwerk produzieren. Wichtig ist, gleich bei der Pflanzung damit nicht zu kleckern, sondern zu klotzen. Ich empfehle zwischen neun bis zwölf Pflanzen pro Quadratmeter zu setzen; wer weniger pflanzt, muss viel länger auf eine geschlossene Pflanzendecke warten. Übrigens kann sich die Elfenblume, wenn sie einmal gut etabliert ist, sogar gegen Giersch durchsetzen. Das soll jetzt nicht bedeuten, dass Sie ein paar Elfenblumen in ein von Giersch durchsetztes Beet pflanzen und dieser dann im Handumdrehen verschwindet.

Ich beobachte seit etwa 30 Jahren, dass eine von mir vor genau so langer Zeit gepflanzte *Epimedium*-Fläche an einem sehr schattigen Platz unter einer Felsenbirne noch immer frei von Giersch ist, obwohl alle angrenzenden Pflanzflächen von ihm beherrscht werden. Wenn ich jetzt dazu Stellung nehmen sollte, warum ich es zulasse, dass der Giersch den Garten meiner Eltern erobert, kämen wir fürchterlich vom Thema ab. Also, dort, wo das *Epimedium × perralchicum* 'Frohnleiten', eine sehr schöne immergrüne gelbblühende Sorte, wächst, bedeckt es lückenlos den Boden und lässt keinem Unkraut eine Chance und das seit vielen Jahrzehnten. Das soll ihm mal einer nachmachen. Ganz wichtig: Viele der Ausläufer bildenden Elfenblumen aus Europa, Nordafrika und Vorderasien sind immergrün, was für Stauden generell ungewöhnlich und in diesem Fall natürlich auch sehr begehrenswert ist, besonders in warmen Wintern. Denn bei wärmeren Temperaturen tanzen nicht nur Schnecken, Wühlmäuse und andere Schädlinge vor Jubel und nutzen die Gelegenheit, doch noch eine Extrageneration zu produzieren, sondern auch die ungewollten Gartenunkräuter. Ein immergrüner Bodendecker hilft da sehr, denn eine geschlossene Pflanzendecke verschattet den Boden und verhindert so das Auflaufen (Keimen) von Sämlingen, dafür brauchen nämlich fast alle Pflanzen Licht. Weitere sehr schöne und ebenfalls Ausläufer bildende Elfenblumen sind *Epimedium × cantabrigiense*, *E. × versicolor* 'Sulphureum' und *E. alpinum*. Die meisten dieser Kultivare überzeugen insbesondere durch den leuchtend roten Austrieb im März, der die herzförmige Blattaderung besonders schön zur Schau stellt. Wer sich traut, den alten Blattbestand jetzt oder in den nächsten zwei bis drei Wochen gänzlich bis zum Boden herunterzuschneiden, wird mit einem besonders üppigen Blattnachwuchs belohnt.

Der Rückschnitt kann, wenn nichts anderes im Beet steht, auch mit der Heckenschere, oder noch radikaler, mit dem Rasenmäher (höchste Schnittstufe!) vorgenommen werden, was bei großflächigen Anlagen durchaus anzuraten ist.

Bei der zweiten Gruppe der Elfenblumen handelt es sich um etwas heiklere Genossen. Sie unterscheiden sich vor allem darin, dass sie Horste bilden, sich also nicht durch Ausläufer ausbreiten. Viele von ihnen sind nicht nur sehr kostspielig, sondern auch anspruchsvoller in der Haltung, mit anderen Worten Liebhaberpflanzen wie zum Beispiel die beiden weißblühenden Sorten *E. × youngianum* 'Niveum' und *E. grandiflorum*.

Ein blaues Wunder im Garten

▸............ ES GIBT TATSÄCHLICH eine winterharte Gartenblume, die sich vom immer wiederkehrenden Winter nicht beeindrucken lässt: das Leberblümchen. Es blüht bei uns sogar seit Januar, auch wenn es dann regelmäßig wieder vom Schnee belästigt wird. Das Leberblümchen (*Hepatica nobilis*) ist ein meist blaublühendes, recht unscheinbares Blümchen, das sich als eine der ersten Wald- und Gartenblüten den Frösten stellt.

Das Leberblümchen gehört den Hahnenfußgewächsen an, wie auch das Balkan-Windröschen (*Anemone blanda*), weshalb es oft mit jenem verwechselt und verglichen wird. Selbst der gute Herr Linnaeus schrieb in seinen ersten botanischen Beschreibungen der Pflanze von *Anemone hepatica* – also so ganz falsch liegen Sie nicht, wenn Sie die beiden verwechseln.

.... *Hepatica wächst am liebsten auf kalkhaltigen, lehmigen Waldböden, im lichten Schatten von großen alten Baumgesellschaften in Buchen- und Eichenwäldern.* ....

Im frühsten Frühjahr schieben sich die meist leuchtend azurblauen Blüten durch das Buchen- oder Eichenlaub an die Erdoberfläche und betören den Betrachter dort mit einer Klarheit, die ihresgleichen sucht. Seinen deutschen Namen hat das Leberblümchen aufgrund der leberförmigen Form seiner Blätter erhalten. Diese treten übrigens zur Blütezeit völlig in den Hintergrund, im Wald bleiben sie oft unter dem Laub versteckt. Dass es beim Leberblümchen eher um Gartenleidenschaft geht als darum, einen Hingucker zu züchten, kann ich

getrost behaupten. Nur *Hepatica*-Freaks würden widersprechen, und die gibt es zuhauf, und einen von ihnen möchte ich denen ans Herz legen, die noch nicht mit der *Hepatica*-Meise infiziert sind. Sein Name lautet „Mister Hepatica" – dies allein spricht schon für sich, und er züchtet und vermehrt *Hepatica*, seit ich denken kann. Und da diese kleinen bezaubernden Pflanzen nur etwa acht bis neun Tage lang blühen, also jedenfalls die einzelne Blüte, sollte man sich sputen, wenn man einen Blick erhaschen möchte. Im März, genauer gesagt Ende März, ist der Zauber dann vorbei. Die *Hepatica* ist mit dem Samensetzen beschäftigt, und Mister Hepatica öffnet seinen Privatgarten in Ketzin, um mit anderen *Hepatica*-Fetischisten zu tauschen oder auch die eine oder andere Pflanze zu verkaufen. Dies findet am letzten Märzwochenende statt und hat aus meiner Sicht schon Kultcharakter. Im großen Sortiment eines anderen leidenschaftlichen *Hepatica*-Sammlers namens Jürgen Peters findet sich eine bezaubernde *Hepatica* namens 'Blaues Wunder'. Mit anderen Worten, Mister Hepatica ist nicht allein auf der Welt und die Fan-Gemeinde steigt stetig. Für diese Kenner ist die *Hepatica* der Frühlingsbote schlechthin, denn lange schon gibt es Dichtkunst, die an diese Tatsache anknüpft: „*Liebliche Blume, du Botin des neu erwachenden Lenzes, (...).*" Ein Zitat aus dem Blumenalphabet von Bechstein, falls dies in einer Suchmaschine recherchiert werden sollte; und bitte keine Plagiatsvorwürfe, da ich sowieso keinen Doktortitel habe. Ein paar *Hepatica* besitze natürlich auch ich. Es geht eigentlich auch gar nicht ohne sie, wenn man dazu gehören will.
Übrigens noch etwas in eigener Sache: Das Leberblümchen ist geschützt und darf weder gepflückt noch aus der Natur ausgegraben werden. Ich bitte Sie sehr darum, dies zu beherzigen.

Ein alter Gartenschatz neu belebt

▶............ ICH MÖCHTE IHNEN EINE AUSSERGEWÖHNLICH zauberhafte Pflanze ans Herz legen: die Aurikel. Dass diese arme Pflanze auf Deutsch Bastard-Aurikel heißt, lässt die Dame natürlich auf den ersten Blick nicht sehr attraktiv erscheinen. Nennen wir sie einfach nur Aurikel und schon wissen auch die Gärtner in Ihrer Gärtnerei, was Sie meinen. Ihr botanischer Name ist *Primula × pubescens* und sie ist eine Hybride aus zwei Primel-Arten, der Alpen-Aurikel *Primula auricula* und der Behaarten Primel *Primula hirsuta*. In den Gärten Europas wird sie schon seit dem 16. Jahrhundert gezüchtet und kultiviert. Die Blätter sind weich behaart und oft mit einer grauen schleierartigen Schicht überzogen, die sich leicht mit dem Finger entfernen lässt. Das Highlight ist natürlich die Blüte, die jetzt beginnt und bis Mai andauern kann, wenn man die Aurikeln nicht in die volle Sonne stellt. Es gibt mittlerweile viele Hunderte von Züchtungen und im Grunde kann man sagen, je aufwendiger die Blüten gestaltet sind, desto weniger winterhart sind die Pflanzen. Die ganz einfachen, einfarbigen, also roten, rosa-, pink- oder lilafarbenen Hybriden sind in der Lage, fast überall in den Gärten zu überwintern. Wir haben in der Gartenakademie vor etwa vier Jahren an einem sehr schattigen Plätzchen unter Spalieräpfeln unverkaufte Restbestände von Aurikeln gepflanzt, die seitdem jedes Jahr zuverlässig wieder erscheinen und in allen Farben blühen. Was sie allerdings in unseren Gefilden nicht schaffen, ist immergrün zu bleiben, oder zumindest bleibt nur ein geringer Teil der Blätter zu sehen. Offensichtlich ist Laubschutz sehr wichtig für ihre Überwinterung im Garten. Also unbedingt im Herbst nicht immer gleich alles gründlich reinigen, sondern ruhig Blätter und anderes Geäst im Winter über den Pflanzen liegenlassen. Das hilft übrigens nicht nur den Aurikeln beim Überleben, sondern ist auch für alle anderen Gartenpflanzen und die Bodenlebewesen – im wahrsten Sinne des Wortes – ein gefundenes Fressen. Die nicht

wirklich winterharten Aurikeln sind leider auch die schönsten, wie das oft so ist. Es gibt nämlich wirklich Exemplare, deren Blüten einen fast perfekten dunkelbraunen oder grünen äußeren Kreis beschreiben, der mit einem weißen Puderrand versehen ist. Im Innern der Blüte zeigt sich dann ein weiterer weißer Ring, der das runde gelbe Honigzentrum umschließt. Diese konzentrischen Ringe gibt es natürlich nicht nur in Braun und Weiß, sondern auch in Gelb, Rot, Grün, Weißbraun, Burgunderrot und anderen Farben.
Allein die aufgehende Knospe dieser Pflanze ist ein wahres Wunder der Natur. Aus einem grünen, kleinen Kelchkrönchen erhebt sich ein Art Mini-Heißluftballon in allen Farben, die in der Natur vorkommen, nur nicht in Blau. Übrigens kommen die Aurikeln ursprünglich aus den Alpen, was auch ihre Winterhärte erklärt.
Interessant finde ich, dass sich diese Blume in Belgien, Holland und vor allem in England als Topfpflanze zu einer hochkarätigen Spezies in der Floristenwelt entwickelt hat, die auch heute noch großes Ansehen genießt und eine riesige Fangemeinde hat. Bei uns hingegen findet sie weitaus weniger bis kaum Beachtung.

.... Die Aurikel ist eine Lieblingsblume der Queen und auch viele andere Besitzer großer Landhäuser schmücken ihre walled gardens *mit sogenannten Aurikeltheatern. ....*

Das größte mir bekannte Aurikeltheater steht bei Lord Rothschild in Waddesdon Manor, das im April/Mai auch der Öffentlichkeit zugänglich gemacht wird. Auf jeder seiner etwa zehn Etagen befinden sich über 150 Sorten dieser Gattung. Auf der Chelsea Flower Show gibt es eine Firma, die seit über 60 Jahren dort die Aurikeln auf höchstem Niveau ausstellt. Sogar die beratenden Gärtner tragen zu Ehren dieser edlen Pflanze einen Bowler Hat.

Die Dahlie hält Einzug in die Gärten

▸............ SIE IST EINE DER ÄLTESTEN NEUHEITEN DES GARTENS, eine Knolle, die sich sozusagen alle 20 Jahre selbst neu erfindet: die Dahlie. Ihr Name hört sich vielleicht zunächst ein wenig altbacken an, ist es aber durchaus nicht mehr, denn die Dahlie und ihre vielen neuen Sorten, es gibt davon Tausende, erlebt eine Renaissance. Aus England herüber schwappten hochherrschaftliche, alte bischöflichen Dahlien wie 'Bishop of Llandaff' und 'Bishop of York', 'Oxford', 'Kent' und andere. Doch nun wurden auch die ganz ordinären Gartendahlien etwas gezähmt und ich habe mich einmal getraut, die aus meiner Sicht schönsten heraus zu suchen; es gibt jetzt sogar Dahlienblüten, die in Form und Farben Seerosen ähneln.
Spannend ist, und das wusste ich wirklich auch nicht, dass Dahlien ihren Ursprung in Mexiko und Guatemala haben, was wiederum erklärt, warum sie unsere sibirischen Winter nicht mögen.

.... *Die Knollen müssen im Winter in unseren Breiten ausgegraben, von Erde befreit und im dunklen kalten, aber frostfreien Keller zwischengelagert werden.* ....

Das ist bestimmt auch der Grund, warum diese tollkühn freche und auch recht laute Beetgefährtin in den vergangenen Jahren etwas verpönt war. „Det macht ja Arbeet, und det woll'n wa ja nich, wa!" Und dann gab es da noch die Spielverderber, die behaupteten, man müsse die Dahlien noch während der Blüte mit einem Etikett versehen, damit man im nächsten Jahr weiß, wie sie blüht, um dann ein harmonisches Ganzes planen zu können. Papperlapapp, haben Sie schon mal ein Dahlienbeet gesehen? Na also, da ist so oder so keine Harmonie hineinzubringen, aber Spaß macht's und Freude bringt's und für die Vase springt auch immer mal wieder ein kräftiger Strauß heraus, was will man eigentlich mehr? Natürlich ist es ärgerlich, wenn in einer elegant gestalteten, völlig farbharmonisierten rosa-weißen Rabatte plötzlich die knallorange Balldahlie 'Symfonia' blüht, aber es schadet doch nicht, es ist eher wie im wirklichen Leben. Da erscheinen doch auch ab und zu farbenfrohe Charaktere, und genau sie bringen eine lustige Note in unser Leben.

Letztendlich können Sie die Dahlie, wenn sie Ihnen an einer Stelle nicht gefällt, auch abschneiden und in die Vase stellen und im Herbst zur Strafe wieder ausgraben.

Bei meinen weitreichenden Recherchen über Dahlien bin ich über die Balkonpflanze des Jahres 2009 aus Bayern gestolpert, eine Dahlie namens 'Roter Schorsch'. Schorsch, und angeblich aus Amerika? Glaubt man doch nicht – und das Unglaublichste an dieser Auszeichnung der Balkonblume des Jahres war die Tatsache, dass hier nicht etwa Pflanzen wegen ihrer äußeren Schönheit ausgewählt werden, sondern aufgrund ihrer Robustheit und ihrer hohen Krankheitsresistenz. Dieses Kriterium der Pflanzenauswahl ist für mich unverständlich, denn wer kauft schon eine hässliche Pflanze, nur weil sie robust ist? Stellen Sie sich einmal vor, wie es auf unseren Balkonen und in unseren Gärten aussehen würde, wenn wir nur Pflanzen kauften, die widerstandsfähig sind…

Dies sind ein paar echte Hingucker für Beet und Balkon: Ballformen: 'Boom Boom White' (weiß), 'Ivanetti Sport' (helllila), 'Ivanetti' (dunkelpurpur – wunderbar), 'Aurora's Kiss' (schwarzrot – unschlagbar), 'Hapet Juwel' (knallrot), 'Symfonia' (orange) und 'Hapet Diane' (hellgelb). Sehr zu empfehlen sind die neuen Seerosenformen, wie 'Hapet Charmant' (purpurrosa), 'Hapet Orange Sea' (hellorange) und 'Rancho' (gelborange). Diese Dahlien werden etwa 90–110 cm hoch, der Blütendurchmesser variiert zwischen 5–10 cm bei den normalen und 10–15 cm bei den großblumigen Züchtungen. Einfach hinreißend, aber nur für Mutige, so wie auch die Sorte 'Checkers' – großblumig und rot mit weißen Spitzen.

Blühende Gehölze

▸............ IM FRÜHEN FRÜHJAHR, also zwischen März und Mitte Mai, gibt es viele blühende Sträucher und Bäume, doch dann stoppt diese üppige Blütenpracht fast abrupt in den Gärten. Vorbei der Zauber der Kirsch- und Apfelblüte, die Felsenbirnen tragen schon die noch grünen Früchte und auch die Kastanien sind fast durch mit ihrem imposanten Blütenrausch. Ich habe fast das Gefühl, jetzt wartet alles auf die nun beginnende Rosenzeit, denn Ende Mai, Anfang Juni beginnen ja die ersten Rosen ihr Blütenfest. Das ist zwar schön, doch gibt es durchaus noch eine Gattung Pflanzen, die auch in Deutschland eine beachtliche Höhe erreichen können und die gerade jetzt ein echtes Highlight in die Gärten bringen können. Ich spreche von den Baum-Hartriegeln, die sowohl in Nordamerika als auch in Asien zu Hause sind und langsam auch den Weg in unsere Gärten finden. Theoretisch verwandt mit unseren Kornelkirschen (*Cornus mas*), tragen diese herrlich strukturierten Pflanzen keine kleinen gelben Blüten im März, sondern große weiße oder rosafarbene Blüten von Mai bis Juni. Um das Ganze noch zu komplizieren, sind die „Blüten" gar keine echten Blüten, es sind metamorphosierte Blätter, die sich in große Blüten verwandeln, um die Aufmerksamkeit der bestäubenden Insekten auf die wahre Blüte, die sehr unscheinbar ist, zu lenken. Ein durchaus passables Ergebnis, das man sich ruhig mal in den Garten holen sollte, nicht nur, weil sie die Blütenpracht des Frühlings verlängern, sondern auch, weil die meisten Sorten dieser Gattung auch einen ausgesprochen schönen Habitus, also Wuchs, haben, oft schöne Früchte tragen und darüberhinaus auch mit einer bezaubernde Herbstfärbung aufwarten. In den Augen des Gartengestalters also eine Pflanze mit ausgesprochen hohem Gartenwert. Auch wenn es sehr viele Arten dieser Gattung gibt, die unglaublich schön aussehen und, wie zum Beispiel *Cornus florida*, entlang der Küste

Floridas blühen, so ist diese Art nicht überall wirklich winterhart. Die etwas winterhärteren Arten von der Westküste Nordamerikas aus der Verwandtschaft um *Cornus nuttallii* sind etwas winterhärter, doch kann ich für unsere Breiten, vor allem im kontinentaleren Klima Mitteldeutschlands, nur *Cornus kousa* und seine Sorten aus Asien empfehlen, weil ich damit recht lange schon gute Erfahrung in unseren Gefilden gemacht habe. Wer die unglaubliche Blütenshow dieser Kleinbäume noch nicht gesehen hat, der sollte sich schnell mal in den botanischen Garten begeben oder in Gärtnereien Ausschau nach großen weißen, horizontal landenden Helikoptern Ausschau halten, die versuchen, auf sehr horizontalen Ästen zu landen. Mittlerweile gibt es nämlich nicht nur die ursprüngliche Spezies von *Cornus kousa*, der recht kleinblütig ist, sondern auch ganz bezaubernde Züchtungen wie die schneeweißen, großblütigen Bäume von *C. kousa* 'Venus', der strahlenförmigen Sorte *C. kousa* 'Moonbeam', der fast viereckig blühenden Sorte *C. kousa* var. *chinensis* 'China Girl' oder der atemberaubenden *C. kousa* 'Madame Butterfly'.

.... Ich suche immer nach dem Neuen, dem Ausgefallenen und natürlich nach Pflanzen, die auch in der Zukunft unser Klima und unsere Ansprüche bedienen. Der Baumhartriegel, glaube ich, wird vielen Gärtnern gefallen. ....

Zudem er aus der Sicht der sauberkeitsliebenden Menschen ein ausgesprochen ordentlich gewachsener Baum ist, der viel schönes zu bieten hat, nicht zu groß wird, in unseren Breiten maximal 5–7 m, und der relativ wenig Laub produziert. Er braucht neutralen bis sauren Boden und ist im Vergleich zu vielen anderen Pflanzen sehr anspruchslos, was nicht heißen soll, dass Sie ihn nicht wässern oder ab und an düngen sollten.

Zeit für Gräser

▶........... ES MAG MANCHEM ETWAS MERKWÜRDIG VORKOMMEN, dass man sich schon im Frühjahr Gedanken über Gräser im Garten machen sollte, doch wer Vertreter schöner ornamentaler Sorten im Garten hat, weiß ihren Wert im Beet zu schätzen. Gerade in den schneearmen Wintern kommen Gräser an kalten, klirrenden Frosttagen besonders gut zur Geltung, und wenn dann die Abendsonne die Halme noch förmlich in Flammen aufgehen lässt, ist das Winterbild perfekt. Das erschwert oft zu entscheiden, wann eigentlich die beste Zeit für die Teilung oder Vermehrung dieser Pflanzen ist, um sie zum Beispiel mit den Nachbarn zu teilen. Wie viele schon beobachtet haben werden, bilden einige Gräser dichte, feste Horste, die oft überwältigend groß werden. Da es für Gräser nur zwei Vermehrungszeiträume gibt, ist wichtig zu wissen, zu welchem Gräsertyp ein Gras gehört. Man unterscheidet früh grünende und spät grünende Gräser. Früh grünende Gräser kommen entweder schon grün durch den Winter, wie *Luzula* und viele *Carex*- und *Festuca*-Arten, die anderen produzieren erst ab März/April grüne Halme, dazu gehören *Calamagrostis*, *Stipa*, *Deschampsia* oder *Helictotrichon*, um nur die wichtigsten zu nennen.

Sie alle können oder sollten im Spätwinter geteilt werden, wenn der Boden nicht mehr gefroren, die Temperaturen aber noch niedrig sind. Zerlegt werden die Gräser dann am besten, indem die gesamte Mutterpflanze aus der Erde gehoben wird. Bei großen Pflanzen empfiehlt es sich, Halme und Gräser bis auf eine Höhe von 10–20 cm zurückzuschneiden, um den Umgang mit dem struppigen Genossen zu vereinfachen. Ich schneide auch die Wurzeln zurück, da die neuen Büschel in den ersten Wochen kaum Wurzeln brauchen und diese Vorgehensweise für starken Wurzelneuwuchs sorgt. Kräftige Pflanzen teilt man am besten mit zwei Grabegabeln, nachdem man die Erde ordentlich aus dem Wurzelballen geschüttelt hat. Die Grabegabeln dann Rücken an Rücken in den Ballen stechen, wenn nötig mit roher

Gewalt, und die Gabeln gegeneinander hin- und herschaukeln. Es ist schwer zu beschreiben, probieren Sie es einfach aus und Sie werden sofort verstehen, was ich meine. Die neu erlangten Teilstücke müssen dann sofort wieder in den Boden gesetzt werden, daher ist es ratsam, wenn Sie sich vorher schon überlegt haben, wo die neuen Gräser im Garten eingepflanzt werden sollen oder welche Nachbarn sie mit den Dingern beglücken wollen.

Die Teilstücke sollten so tief eingesetzt werden, dass man nach dem Andrücken das Gefühl hat, dass sie sich nicht beim nächsten Gewitter aus dem Boden lösen und wegfliegen. Daher gern etwas tiefer setzen.

Diese erste Gruppe der Gräser kann auch im Herbst, ab September, geteilt und verpflanzt werden, jedoch nicht im Sommer, wie die Vertreter der zweiten. Bei ihnen handelt es sich um die spät grünenden Gräser, die meist auch aus wärmeren Regionen der Erde stammen. Zu ihnen gehören zum Beispiel *Miscanthus, Pennisetum, Panicum, Hakonechloa* und mein heißgeliebtes Pfeifengras, die *Molinia*. Sie zeichnen sich dadurch aus, dass sie frühestens im Hochsommer, meist aber erst im Herbst blühen. Da diese Sorten eine Frühsommerteilung bevorzugen, ist bei der Teilung sehr achtsam vorzugehen. Hier sollten die Teilstücke nicht zu klein gehalten werden und es ist noch entscheidender, dass die Jungpflanzen sofort wieder in den Boden kommen, vor allem wenn es im April und Mai sehr heiß ist, was in Berlin öfters vorkommt. Unbedingt angießen und regelmäßig nachwässern, dann hat die neue Pflanze bereits nach zwei bis drei Wochen neue Wurzeln gebildet. Verschenken Sie nicht zu viele dieser Teilstücke auf einmal, legen Sie sich ruhig eine große Reserve an Pflanzen an, denn nicht jede Teilpflanze wächst auch garantiert erfolgreich an. Wer sich an die Teilung von Chinaschilf *(Miscanthus)* wagen möchte, sollte sich übrigens auch gern mit einer Axt ans Werk machen, denn hier kann eine Grabegabel kaum etwas ausrichten – dies gilt auch für das Lampenputzergras *(Pennisetum)*.

ENDLICH KOMMT DER FRÜHLING

—

*Wenn das Schneeglöckchen
seine weißen Flügel
in der Sonne trocknet,
ist das Frühjahr
nicht mehr weit.*

—

Jetzt aber los!

▶............ IM APRIL KÖNNEN SIE GANZ IN RUHE die noch verbliebenen Stauden herunterschneiden, alles liebevoll klein schnippeln und auf den Kompost geben. Den fertigen Kompost vom Vorjahr unbedingt jetzt auf die Beete verteilen, jedes Beet verträgt eine dicke Schicht von 3–6 cm. Falls Sie nicht genug haben, bedecken Sie lieber nur ein Beet mit einer satten Kompostschicht und die anderen dann in den Folgejahren, statt alle Pflanzen nur mit einer Prise zu beglücken. Von zwei beliebten Aktivitäten im Garten würde ich momentan noch abraten: zum einen, den Rasen zu vertikutieren, denn dafür reicht definitiv das Tageslicht noch nicht aus. Nach Frühlingsbeginn am 20. März kann sich der Rasen schnell und effizient von dieser Tortur erholen; jetzt würde er diese nur schwerlich überleben, es sei denn, Sie haben einen richtigen Rasen und keine Moosmatte. Die zweite Sache, von der ich noch die Finger lassen würde, sind die Beetrosen, und zwar besonders die englischen und französischen Strauchrosen in den Rabatten. Kletter- und Wildrosen können jetzt ruhig schon geschnitten werden, sie halten mehr aus, auch wenn noch ein Kälteeinbruch erfolgen sollte.

.... Denken Sie daran, die in den Kletter- und Ramblerrosen hochgerankten Clematis viticella *ganz aus den Fängen der Rose zu befreien und etwa 10 cm über dem Boden abzuschneiden. ....*

Das fällt jetzt, wo noch keine Knospen sichtbar sind, wesentlich leichter als in ein paar Wochen. Und keine Sorge, Ihre Clematis wird auch in diesem Jahr die Rose wieder erklimmen. Rosen unter einem Dachüberstand sollten ab jetzt unbedingt gegossen werden, wenn es in den letzten Wochen recht mild war und geschützt stehende

Rosen dann oft schon mit dem Austrieb anfangen. Ich beginne nach einem trockenen Frühjahr spätestens im April damit, meinen Buchsersatz, die kleinblättrigen Stechpalmen *Ilex crenata*, zu gießen, und alle anderen Immergrünen zu wässern, weil sie trotz mangelndem Niederschlag schon aktiv Fotosynthese betreiben. Interessant ist, dass vor allem offene, also nicht bepflanzte Böden sehr leicht austrocknen und ein guter Bodendecker kann dem stark entgegenwirken. Die Bezeichnung Bodendecker hat in den 1970er-Jahren sehr gelitten, als ganze Vorgärten unter Kriechwachholder oder *Cotoneaster* (Zwergmispeln) versteckt wurden, weil man begriffen hatte, dass sich die Bedeckung des Bodens – womit auch immer – positiv auswirkte. Dass daraufhin Tausende von Gärten eher an die Begrünung von Autobahnbanketten erinnerten, traute sich damals leider niemand zu sagen. Für schwierige, schattige oder trockene Stellen im Garten lege ich Ihnen eine kleine, dauerhafte und sogar preisgünstige Staude ans Herz, die sich ganz vergnügt an fast alle Situationen anpasst: die Golderdbeere *(Waldsteinia)*. Bitte nicht gleich zu euphorisch werden, denn die kleinen aus Europa, Asien und Nordamerika stammenden Pflänzchen produzieren keine essbaren, goldenen Erdbeeren, mit viel Fantasie sehen die abgeblühten Blüten jedoch einer Erdbeere ähnlich. Wie bei allen Pflanzengattungen hat auch diese die irritierende Angewohnheit, mehrere Arten zu produzieren. Ich empfehle Ihnen aber nur die zwei wichtigsten: *Waldsteinia ternata* und *W. geoides*. Um in den Genuss eines schön geschlossenen gelben Teppichs im Garten zu kommen, sollten Sie die Sorte *W. ternata* ssp. *trifolia* 'Kornstadt' probieren, allerdings ist sie nicht ganz leicht zu bekommen, wie alles Schönere. Das Foerster-Kompendium empfiehlt 12–15 Pflanzen pro Quadratmeter zu setzen, um schnell eine geschlossene Decke zu bekommen. Probieren Sie es einmal aus, denn bald gibt es wieder Stauden bei Ihrem Gärtner.

Chili con Balkoni

▸............ ALLE, DENEN ES SCHON SEIT WOCHEN in den Fingern juckt, etwas im Garten zu tun, seien gewarnt: Finger weg, im April ist es zu noch früh! Es sei denn, Sie haben viele Obstbäume oder andere Gehölze zu schneiden. Am besten setzen Sie sich jetzt mit ein paar guten Saatkatalogen ans Fenster und planen das neue Gartenjahr. Heutzutage nutzen viele dafür die Möglichkeiten im Internet, ich persönlich bevorzuge, mir doch noch Kataloge von drei guten Firmen kommen lassen. Da es ausgesprochen viele Gemüsesaatfirmen gibt, ich aber vorwiegend Lust auf Chili und Tomaten hatte, reduzierte sich die Auswahl stark. Wer nicht erst im April die fertigen Jungpflanzen kaufen, sondern sein Glück gern einmal selbst mit dem Samenkorn ausprobieren möchte, sollte Anfang/Mitte Februar mit der Aussaat beginnen. Diese kleinen, scharfen Pflanzen haben es ganz schön in sich, denn für ihre Anzucht braucht man schon ein gewisses Händchen und zwar schon vor der Aussaat. Die kleinen gelblich weißen Samen sind nämlich sehr leicht und keimen schwer. Man sollte sie deshalb unbedingt 24 Stunden in Wasser einweichen, wobei das Wasser nach zwölf Stunden einmal gewechselt werden sollte, damit sich keine Fäulnisbakterien bilden. Ein Tropfen Öko-Spülmittel kann dabei helfen, eine bessere Verbindung zwischen Wasser und Saat herzustellen. Wenn die Saat an den Boden des Glases oder der Schale gesunken ist, sind die Saatkörner reif für einen kleinen Topf. Das beste Erdsubstrat ist leider Torf, da er locker und luftig ist und sich leicht befeuchten lässt. Die Feuchtigkeit spielt im Anfangsstadium eine große Rolle. Den Torf im Topf andrücken und mit einem spitzen Gegenstand kleine Löcher bohren, etwa fünf bis sieben pro Topf, und die Körner 5 mm tief einlegen. Dann den Topf leicht schütteln, damit sich eine Erddecke über der Saat schließt und noch einmal leicht andrücken. Ab jetzt machen die Chilis ihrem englischen Namen 'Hot Peppers' alle Ehre, denn sie müssen sehr warm und kuschelig gehalten werden, wobei die Raumtemperatur zwischen 25–30 °C betragen sollte und bitte *nicht* auf die Heizung stellen. Dafür lohnt sich vielleicht die Anschaffung eines Minigewächshauses oder einer beheizbaren Keimbox, die super auf eine Fensterbank passt, allerdings nicht ins Licht und schon gar nicht in die Sonne stellen. Ein schattiges Plätzchen ist besser. Noch wichtiger ist, dass die Töpfchen nach der Ansaat in ein Warmwasserbad gestellt werden, bis die ganze Erde durchfeuchtet ist. Dann herausnehmen, jedes Töpfchen mit einer Glasscheibe abdecken und in eine Keimbox stellen. Keinesfalls austrocknen lassen! Wenn alles richtig gelaufen ist, sollten sich schon nach wenigen Tagen die ersten Keimblätter zeigen. Falls nicht, liegt die Temperatur unter 25 °C und es ist mit erheblicher Keimverzögerung zu rechnen. Besonders exotische Chilis werden womöglich gar nicht keimen (auflaufen), sie brauchen künstliche Hitze. Sind die Keimlinge etwa 1–2 cm hoch, kann der Kasten mit den Babys in helleres Licht gestellt werden, damit sie Chlorophyll entwickeln und grüne Blätter bekommen. Beginnen die Keimlinge zu kippen, weil ihr Hals zu lang wird, sollte zur Stabilisierung ein wenig Erde in den Topf gegeben werden.

.... Sobald die Pflänzchen die ersten echten Blätter entwickelt haben, können sie vereinzelt werden, d.h. jedes Pflänzchen bekommt seinen eigenen 1-Liter-Topf. ....

Dafür wird der kleine Keimtopf gänzlich ausgekippt, damit sich die Keimlinge trennen lassen. Bitte nicht an den Wurzeln zerren, sie sind sehr zerbrechlich. Wichtig ist, nach der Aussaat, alle zwei bis drei Wochen einen NPK-Flüssigdünger mit hohem Kaliumanteil zuzuführen. So, und wenn Sie alles richtig gemacht haben, können Sie die Chilipflanzen auch in 8-l-Töpfe pflanzen und den Überschuss verschenken oder tauschen. Das ist allerdings eher unwahrscheinlich, denn bei mir bleiben auch nie mehr als zwei bis drei Pflanzen übrig, die das ganze Prozedere durchhalten. Etwas für Geduldige, aber sehr meditativ.

Arbeitsreiche Wochenenden

▸............ KAUM BRINGT DIE SONNE mehr als sieben Stunden Licht und Wärme in unser Leben, stürzen wir uns mit großer Euphorie und Begeisterung auf den Garten, die Terrasse oder den Balkon. Mir geht es auch so, und das erste Gefühl, das sich bei mir einstellt, ist Euphorie. Große Mengen Serotonin bringen Glücksempfindungen in meine Seele. In kurzem Abstand folgt dann allerdings gnadenlose Panik. Ich stehe im Garten, und als ob es ihn gestern noch gar nicht gegeben hätte, drängen sich aus allen Ecken schier nicht zu bewältigende Aufgaben und Herausforderungen.

Der Rasen sieht grässlich aus und nur mit viel Vorstellungskraft erinnert man sich an das satte Grün vom letzten Jahr. Der Gemüsegarten präsentiert sich völlig zerfressen und zerzaust, als wären riesige Schwärme von Heuschrecken über ihn hergefallen. Obstbäume wollen geschnitten werden, in Kürze auch die Rosen. Mein Nachbar hat schon seinen Kompost gesiebt (Streber!) und oje, die Wühlmäuse haben wohl doch keine Zwiebeln für mein Osterbeet übrig gelassen. Ja, mir geht es genau wie Ihnen und das seit langer, langer Zeit, jedes Jahr wieder. Wie damit umzugehen ist? Ganz einfach: Stiefel an und in die Hände gespuckt. Diejenigen, die Krach und Schweiß mögen, eilen sofort in den Maschinenverleih, um sich einen Vertikutierer zu besorgen. Ich empfehle, vorher dort anzurufen, denn wie in jedem Jahr werden Sie feststellen, dass Sie nicht der einzige Fan dieser Arbeit sind. Wer nicht ganz so viel Wert auf körperliche Anstrengungen legt, sollte es einmal mit dem organisch-mineralischen Mikro-Rasendünger von Manufactum probieren, das ist ein NPK-Dünger (Stickstoff, Phosphor, Kalium) mit Magnesium. Zellulosezersetzende Mikroorganismen sind die Hauptakteure in diesem Dünger; sie helfen den Filz im Rasen zu zersetzen und somit die leidige Moosentwick-

lung zu stoppen. Hört sich fast an wie eine betrügerische Schnelldiät…
nun denn, dann vertikutieren Sie eben. Ganz gleich für welche Methode Sie sich in diesem Jahr entscheiden, wichtig ist, den Rasen vor dem Düngen und Nachsäen sehr, sehr kurz zu mähen (auf 1-2 cm) und das Schnittgut mit einem aggressiven Rechen zusammenzuklauben und unbedingt zu entfernen.

.... Der Gemüsegarten und die Staudenbeete sollten jetzt völlig heruntergeschnitten werden, bis auf die Rosen, für die ist es noch ein wenig zu früh. Den Gemüsegarten bitte von allen halbverwesten Restbeständen befreien und dann eine kräftige Portion Dünger sowie eine 5-10 cm dicke Schicht Gartenkompost aufbringen. ....

Sie haben keinen? Dann fragen Sie einmal bei Ihrem Recyclinghof nach, dort gibt es nimmer endend schöne schwarze Komposterde, die Leben und Struktur in Ihre Beete und Gartenflächen bringt. Es wird nämlich heute nicht mehr wirklich umgegraben, es sei denn, man möchte einer lange brach gelegenen Gartenfläche neues Leben einhauchen. Aber bei einem gut entwickelten, normalen Gartenboden bringt Graben nur Unruhe ins Beet. Außerdem brauchen Sie Ihre Energie noch für all' die anderen Aufgaben, die Sie entdeckt haben. Die Terrassenkübel hatte ich vergessen, die sehen jetzt auch schrecklich aus. An einigen sind Stücke abgesprungen, weil wir zu faul waren, sie in den Keller zu tragen. Und jetzt ärgern wir uns, müssten wir aber nicht, denn manche geben viel Geld dafür aus, Töpfe wegen dieses maroden Charmes im Ausland zu kaufen und nach Hause zu tragen. Topf hin oder her, getopft und umgetopft werden muss trotzdem bald, aber das kann noch ein wenig warten.
Welche Gehölze jetzt zu schneiden sind, kann man mit folgender einfacher Grundregel herausfinden: Alles, was nicht vor Juni blüht, wird Ende März/Anfang April geschnitten. „Wie viel?", werden Sie fragen. Immer so viel, wie Sie sich zutrauen und manchmal noch ein bisschen mehr. Bis Sie das alles geschafft haben, ist Montag, Muskelkatertag. Herrlich.

Lebendig mulchen

▸............ ES IST IN DEN LETZTEN JAHREN geradezu eine Manie geworden, alles im Garten mit Rindenmulch zu versehen, weil es so wunderbar gegen Unkraut wirkt. Aber leider beschränkt sich der Vernichtungsprozess nicht nur auf das Unkraut, denn woher soll eine Pflanze denn wissen, ob sie als Unkraut eingestuft wurde oder nicht. Die Keim- und samentötenden, aber unsichtbaren Gase, die sich in nasswarmen Rinden- oder – noch schlimmer – Holzhäckseln bilden, strömen Tag und Nacht in die Beete und vergasen dort regelrecht vor allem Stauden, aber auch gern Rosen oder empfindliche Pflanzen wie Azaleen, Rhododendren u.a. Wer sich schon länger über frühe Rostflecken und Mehltau auf Rosen wundert, die noch nicht einmal blühen, sollte den Rindenmulch entfernen und kräftig gießen, dann heilen diese Krankheiten ganz von alleine ab.
Eine wesentlich attraktivere und ökologischere Methode, ein Beet gesund zu erhalten, ist die Unterpflanzung mit wenig nährstoffzehrenden Stauden, wie zum Beispiel dem Storchschnabel. Eine dichte, bodenebene Bepflanzung ergänzt die Bodengesundheit und hält das Beet unkrautfrei. Die Storchschnäbel (*Geranium*) sind hervorragende Rosen- und Staudenbegleiter, zudem eignen sich sehr viele Arten und Sorten zur langzeitigen Bodenbedeckung, einige sogar während des ganzen Winters. Die Vielfalt dieser Gattung mit etwa 300 Arten ist umwerfend, und es gibt kaum einen Boden, auf der Storchschnabel nicht wächst. Die Blütezeit reicht von April bis Oktober und ihr Farbspektrum deckt von Weiß, Rosa, Lila, Magenta, Hellblau, Dunkelblau bis hin zu Violett alles ab. Manchmal sind ihre rosafarbenen Blütenblätter noch mit dunklen Adern durchzogen, was ihnen ein sehr zartes Aussehen verleiht. Eine ganz besonders zarte weiße Sorte mit rosa geaderten Blütenblättern ist *Geranium clarkei* 'Kashmir White'. Bei den zarten Sorten handelt es sich allerdings nicht um die guten Bodendecker, die ich Ihnen ans Herz legen möchte. Hier sind ganz

besonders alle Sorten von Geranium macrorrhizum zu erwähnen, wie zum Beispiel Geranium 'Spessart', die weiß blüht, und ihre hellrosa blühende Artverwandte G. macrorrhizum 'Ingwersen'. Diese beiden Sorten breiten sich sowohl im Schatten als auch in der Sonne gut aus, und wenn man zwischen sieben bis acht Pflanzen pro Quadratmeter setzt, hat man in einer Saison schon den Boden bedeckt. Einziger Nachteil ist, dass sie nicht die ganze Saison hindurch blühen, sondern nur etwa zwei Monate lang, von Mai bis Juni, manchmal sogar auch bis Juli. Etwas länger blühend, aber nicht ganz so robust und schattenvertragend, sind die Sorten von Geranium sanguineum wie 'Apfelblüte', die in der Tat das zarte Rosa einer Apfelblüte erzeugen, und die ähnliche 'Max Frei', die in den Monaten von Mai bis August eine richtig rosafarbene Blüte produziert.

Ein echter Held der Staudenrabatte ist Geranium *'Rozanne' (syn. 'Jolly Bee'), hiervon benötigt man lediglich eine Pflanze pro Quadratmeter, da sie sich ganz schnell ausbreitet.*

Das ist auch ein Segen, denn gerade diese Sorte kostet etwas mehr als andere. Sie lohnt sich aber, denn dieser Beetbedecker blüht in einem strahlenden Hellblau tatsächlich unermüdlich von Mai bis November, und wenn man die Pflanzen in Ruhe lässt, klettern sie sogar ganz eigenwillig in die Beetrosen und Sträucher und blühen dort herrlich weiter. Keine Sorge, die Rosen leiden dadurch nicht, ganz im Gegenteil, denn das Geranium 'Rozanne' bedeckt zum Herbst hin die gelbwerdenden Blätter der Rosen.
Sowohl der Name Storchschnabel als auch die lateinische Bezeichnung Geranium beschreiben den eigenwilligen Fruchtstand dieser Pflanze nach der Blüte, der wie ein Storchen- oder Kranichschnabel aussieht. Der Begriff Geranium wurde vom griechischen Wort géranos abgeleitet und bedeutet Kranich.

Sehr geehrte Frau Pape!

Es ist zum Heulen beim Anblick unserer Buchshecken. Es hat Jahre gedauert, Stecklinge anzuziehen um alle Beete zu umrunden. Die Beetumrandung im Küchengarten (wo alle Stecklinge herkommen) wurde als Erste befallen. Dort habe ich alle Buchspflanzen entfernt in der Hoffnung, dass der Pilz sich nicht weiter ausbreitet. Letztes Jahr habe ich mehrmals mit einem Mittel gegen Pilze gespritzt, was aber nur kurzfristig Hoffnungen weckte. Dieses Frühjahr sehen einige Pflanzen mehr tot als lebendig aus. Gibt es noch was zu retten?
Verzweifelte Grüße aus Hamburg

Sehr geehrte Buchsliebhaberin,

es tut mir leid, dass Ihre liebevoll produzierte Hecke es so schwierig hat. Leider gibt es kein effektives Spritzmittel gegen diese Pilzkrankheit, die bei hoher Luftfeuchtigkeit und Temperaturen um die 22-25 °C besonders begünstigt wird. Sie können jedoch einiges unternehmen, um Ihre Hecke im Kampf ums Überleben zu unterstützen. Düngen Sie die Pflanzen gut, und wenn Sie einen sauren Boden haben, hilft auch Kalk. Spritzen Sie Ihre Pflanzen mit Schachtelhalmbrühe, um die Blätter zu stärken. Halten Sie sich an strikte Hygiene-Regeln: Immer die Gartenwerkzeuge sterilisieren, wenn Sie von einem Bereich zum nächsten gehen. Niemals die Buchspflanzen über Kopf, also von oben über die Blätter bewässern. Immer am Fuß gießen, also direkt an den Wurzeln, und von überhängenden Pflanzen frei schneiden, sodass die Blätter schnell trocknen können.

Sehr geehrte Frau Pape,

im Garten meines Vaters steht seit ca. 20 Jahren eine wunderschöne, honiggelb mit dunklem Herz blühende Azalee. Da das Grundstück verkauft und der Garten vollständig umgestaltet wird, möchte ich diese Azalee gern in meinen eignen Garten holen. Besteht Aussicht, dass eine solche Umpflanzaktion gelingt, und was muss ich dabei berücksichtigen? Platz und Bodenbeschaffenheit in meinem sind in Ordnung. Ich habe in meinem Garten schon mehrere Azaleen und Rhododendren.
Über Ihre Antwort würde ich mich sehr freuen und danke im Voraus, L. R.

Sehr geehrte Frau R.,

dieses schöne Exemplar hört sich ganz nach einer *Azalea luteum* an, die man heute verwirrenderweise unter Rhododendron listet. Es handelt sich um eine Duft-Azalee, die sehr winterhart ist und traumhaft duftet. Da Rhododendren und Azaleen Flachwurzler sind, steht einer Verpflanzung auch im hohen Alter nur wenig im Wege, nur sollte man versuchen, die Pflanze vor oder nach der Laubbildung zu verpflanzen, d.h. am besten im Frühjahr, etwa Mitte/Ende März oder im November. Sollten Sie dafür keine Zeit mehr haben und in Kürze umziehen müssen, rate ich zum Rückschnitt der abgeblühten Blütenäste auf eine Länge von etwa 20 cm vor dem Ausgraben. Dann ist es noch wichtig, dass das neue Pflanzloch nicht nur ausreichend groß und voller Torferde ist, sondern dass es vor der Platzierung der Pflanze gänzlich mit Wasser geflutet wird. Somit können Sie sicher gehen, dass sich der dann schwimmende Pflanzenballen langsam im Pflanzloch festsaugt, sobald das Wasser im Boden versickert. Und dann natürlich ein paar Wochen lang kräftig wässern. Viel Erfolg!

DER SOMMER STEHT VOR DER TÜR

—

Beim Naschen der Himbeeren
war man nicht selten
in Gesellschaft.
Oft sahen einen kleine Raupen
aus dem Gebüsch heraus an.
Warum gleich mit Mord drohen,
sie schmeckten auch nur nach
Himbeeren.

—

Drama braucht das Beet im Mai

▸............ IN MANCHEN JAHREN KOMMT ES VOR, dass die Tulpen zusammen mit den Rhododendren und dem Flieder blühen. Wo wir gerade bei Zwiebeln sind, im Mai wird es übrigens allerhöchste Zeit, Dahlienknollen zu besorgen und in die Erde zu setzen. Denn es ist sehr unwahrscheinlich, dass nach den Eisheiligen noch mal Frost kommt. Ich frage mich allerdings, ob sich das nicht verschiebt und auch die Eisheiligen in manchen Jahren vier Wochen später kommen. Überraschen würde es mich nicht.
Nun aber zum eigentlichen Thema zum Sommeranfang, dem Mohn. Da gibt es ja sehr unterschiedliche Arten, mein absoluter Lieblingsmohn, der Schlafmohn *(Papaver somniferum)*, ist leider verboten in unserem Land, dabei reift die Kapsel hier gar nicht genügend aus, um uns eine Opiumernte zu bescheren. Sollte Ihnen doch mal jemand ein Tütchen gemischter Mohnsamen schenken, dann einfach im Herbst im ganzen Beet ausstreuen und im nächsten Jahr den Karneval im Beet genießen. Ich glaube übrigens nicht, dass die Mohnsamen auf dem Mohnbrötchen funktionieren, nachdem sie im Ofen waren. Der Mohn, der Ihnen allen bekannt ist und der den Getreidebauern ein Dorn im Auge ist, der Klatschmohn *(Papaver rhoeas)*, lässt sich nicht gern sagen, wo er zu wachsen hat, er ist Individualist und sucht sich seinen Keimort lieber selbst aus. Gefällt es ihm an einem Ort und kommt da dann auch noch ordentlich Sonne dran, dann tritt er auch gern in Gruppen von ein paar Hundert oder Tausend auf.
Nun, das sind aber die Wildarten des Mohns, und ich würde Ihnen gern den wirklichen Dramaturg des Staudenbeets, den Türkenmohn *(Papaver orientale)* schmackhaft machen, denn da hat sich bei den winterharten Sorten in den letzten fünf bis zehn Jahren recht viel getan.

.... Nicht nur ist die Klarheit der Farben dieser Mohne betörend, sondern auch wie sie sich aus der engen Knospenschale entblättern und dann glätten. ....

Ganz zerknittert, wie ein neugeborenes Kind, sieht er die ersten Stunden nach seinem Enthüllungsprozess aus, doch innerhalb weniger Stunden hat er all seine Federn geglättet und steht stolz und mit viel Drama dann im Beet. Nicht selten habe ich zwischen 50 und 120 Blüten und Blütenknospen auf einer einzigen Pflanze in meinem Garten in England gezählt. Dabei gehörte die knallrote Sorte 'Beauty of Livermere' mit Abstand zu den blühwilligsten. Sie kann ohne Weiteres Ende Mai 120 Blüten auf einer Stängellänge von gut einem Meter hoch produzieren. Wesentlich eleganter und wohl die Elfe in den Sorten ist die ganz zartrosa Dame namens 'Karine'. Sie produziert die Blüten in nicht halb so üppiger Menge wie die vorhergenannte Sorte, besticht dafür aber durch Eleganz. Ein wenig mehr wie Krepppapier sind die schönen Blüten der rosafarbenen Sorten 'Raspberry Ruffels' und vor allem die unglaubliche 'Patty's Plum', die, wie der Name besagt, Pflaumenlila blüht. Mich erinnert die Blüte dieses Türkenmohns immer an ein Ballkleid für ein Renaissancefest. Natürlich hat der Türkenmohn auch weiße Kandidaten zu bieten, wie die Sorte 'Black and White', deren Blüte am Rand reinweiß ist, aber zum Blüteninneren hin schwarz.
Wichtig zu wissen: viele Türkenmohnsorten verziehen sich nach der Blüte bis zum nächsten Frühjahr gänzlich in den Boden zurück. Das allerdings kann dann eine recht große Lücke im Beet hinterlassen, die man aber gut mit der Pflanzung von ein paar Sommerblühern wie *Gaura lindheimeri* überbrücken kann und sollte. Probieren Sie es einfach mal, wenn Ihnen noch ein Highlight im Beet fehlt.

Über die Verwandtschaft des Schnittlauchs

▶............ NEIN, DIES WIRD KEIN EXKURS IN DIE KÜCHE, auch wenn ich sehr gern übers Kochen mit Blumen schreiben würde; und dennoch möchte ich über den Lauch *(Allium)* berichten. Wir alle kennen Schnittlauch und Porree und wissen, dass sie ungemein viel Vitamin A enthalten, weshalb mir meine Großmutter wahrscheinlich oft eine gesunde Schnittlauchschnitte servierte, allerdings ruinierte die große Menge Butter unter dem Schnittlauch den Beitrag zur Gesundheit gründlich. Zurück zu all den bezaubernden Verwandten, den vielen Schmucklauchsorten, die man in den letzten Jahren kaufen kann. Da gibt es nämlich Sorten, deren Blütenköpfe aus Hunderten von Einzelblüten eine so perfekte sphärische Kugel bilden, dass es einem den Atem nimmt. *Allium giganteum*, der Riesenlauch, ist so ein perfektes Kugelgebilde, das auf einem hohen Stamm von mindestens 80-90 cm thront. Eine etwas niedrigere Sorte ist A. 'Globemaster', deren lila-rosa Blütenkugeln gut und gerne einen Durchmesser von 25 cm erreichen können. Übrigens sind die *Allium*-Kugeln nicht zufällig solch perfekte Sphären, sondern eher eine fast himmlische Zusammenstellung, denn jede einzelne, sternenförmige Blüte richtet sich so vehement Richtung Sonne aus, dass sie sich mit der Nachbarblüte arrangieren muss.
Wer dunkles Purpur bevorzugt, sollte es einmal mit der Sorte 'Firmament' versuchen, sie blüht besonders lange und ist auch sehr gut als Schnittblume geeignet. Ab und zu kann man mal eine Kugel schneiden, um sie in den Salat zu schnippeln, denn da erweisen sich die vielen Einzelblüten als sehr dekorativ. Ich habe drei Lieblinge in dieser Gattung: das sehr kleinblütige, aber vielblühende *Allium sphaerocephalum* (der Kugellauch), das völlig unscheinbar im Beet auftaucht, zwei bis drei Wochen spektakulär blüht, um dann ganz leise im Staudenbeet zu verschwinden. Das ist übrigens einer der Gründe, warum mir *Allium* im Beet so gefällt. Ihr recht unscheinbares Laub nimmt wenig Platz ein und ist auch in der Sterbephase nach der Blüte nicht halb so dominant wie die welken Blätter der Tulpen, die mich viel mehr

stören. Ein weiterer meiner Favoriten ist *Allium christophii* (der Sternkugellauch), mit einem eher kurzen, etwa 30 cm hohen Stängel, auf dem allerdings eine atemberaubend große und dennoch sehr luftige Kugel aus amethystfarbenen Sternenblüten prangt, weshalb sie in England auch Stern von Persien genannt wird.

.... Sehen Sie sich diese Sorte einfach mal in den Schaubeeten oder Gärten von Freunden an, irgendjemand wird schon welche haben. Dann bitte notieren und im Herbst die Zwiebeln einkaufen. ....

Ich rate stark davon ab, *Allium* als blühende Pflanze zu kaufen, daran hat man wenig Freude und es ist nicht sicher, dass sie im Folgejahr wiederkommt, wenn man sie nach oder während der Blüte in den Boden verpflanzt hat. Ich habe jedenfalls keine guten Erfahrungen damit gemacht. Darüber hinaus ist der Einkauf von Zwiebeln auch aus finanzieller Hinsicht interessanter, denn man bekommt im Herbst zehn Zwiebeln für den Preis einer jetzt blühenden Pflanze. Das beste Preis-Leistungs-Verhältnis bietet *Allium sphaerocephalum*, man bekommt für wenige Euros Hunderte Zwiebeln und weniger sollte man davon gar nicht kaufen, denn sie machen nur in großer Menge Spaß. Last, but not least, gibt es da noch den Bulgarischen Schmucklauch (*Nectaroscordum siculum*). Es ist einfach ein hinreißendes Schauspiel, wenn sich Ende Mai, Anfang Juni in einer Höhe von gut einem Meter aus einer langen, spitzen Pergamenttüte glockenförmige grün-rot gestreifte Dolden herausbilden. Mir gefällt sie natürlich vor allem wegen ihres unaussprechlichen Namens. Also, wie gesagt, jetzt nicht kaufen, sondern nur ansehen und aussuchen, dafür dann im Herbst klotzen.

Gemüse für den Balkon

▶............ UNGERN WÜRDE ICH VON EINEM TREND SPRECHEN, zumindest jedoch von einer neuen Tendenz. Denn Gemüse auf dem Balkon oder in Terrassentöpfen zu ziehen, ist endlich auch bei uns sehr angesagt. Sehr bekannt und unbedingt sehenswert sind dafür die Kisten- und Kastengemüseanlagen in den Prinzessinnengärten am Moritzplatz mitten in Berlin. Dort macht man seit Jahren das, was jeder von Ihnen auch auf dem Balkon oder auf der Terrasse machen kann: Gemüse anziehen. Erstens funktioniert das tatsächlich, zweitens ist es sehr praktisch, weil man für die Ernte nicht weit laufen muss, und drittens hat es einen erstaunlichen Unterhaltungswert. Natürlich gibt es auch Einschränkungen, denn es ist ziemlich unwahrscheinlich, dass das auf dem Balkon gezogene Gemüse ausreicht, um Sie zum Selbstversorger zu machen. Doch es ist genial, ab und an etwas ungewöhnliches Frisches vom Balkon zu ernten.
Natürlich witterten gerade die Engländer hier auch schon vor vielen Jahren ein Geschäft, denn ihnen war sofort klar, dass sich nicht alle Gemüsesorten für die Anzucht im Kasten eignen. Deshalb hat der berühmte Samenproduzent Thompson & Morgan bereits vor sechs Jahren eine ‚City Garden'-Saatkollektion erarbeitet, die ausschließlich Saat für Balkonkästen und Tröge umfasst. Bei vielen Sorten handelt es sich um besonders kompakte Formen, die auch mit geringerer Bodentiefe und weniger regelmäßiger Wasserzufuhr gut gedeihen. Denn anders als im Beet bekommt Gemüse auf dem Balkon nicht genug Regenwasser ab und muss regelmäßig gegossen werden.
Da die Flächen auf dem Balkon limitiert sind, empfiehlt es sich, vor allem viele Mischungen auszusäen. So gibt es von zum Beispiel mehrere tolle Salatmischungen, wie 'Baby Leaf'-Schnittsalat mit Asia-Kräutern wie goldenem Pak Choi, Komatsuna und Mizuna 'Red Knight'. Es gibt sogar zwei orientalische Mischungen, die über sieben Sorten Salat in der Tüte haben. Was meinen Sie, wie Ihre Gäste stau-

nen werden, wenn Sie statt Geranienblüten Salat vom Balkon holen! Jetzt ist auch die richtige Zeit, einige dieser Sorten in den Balkonkasten zu säen. Wer auf Nummer sicher gehen will, sollte sie auf der Fensterbank im kleinen Frühbeetkasten vorziehen. Das hat den Vorzug, dass die Pflanzen kräftiger sind und nicht einem eventuellen Spätfrost zum Opfer fallen.
Nicht nur Salat wächst auf dem Balkon, sondern auch kompakte Bohnenbüsche eignen sich genial für den Topf; diese werden jedoch erst ab April gesät. Anders ist es bei Petersilie, Roter Beete, Zwiebeln oder gar Grünkohl, denn sie brauchen eine ganze Weile zum Auflaufen – so nennt man das Erscheinen der ersten Blätter im Fachjargon – und müssen im März ausgesät werden.
Vielen normalen Gemüse- und Kräutersorten gefällt es auf dem Balkon nicht, weil es dort windiger ist.

.... Versuchen Sie bitte immer, kompaktere Formen zu bekommen. Das gilt vor allem für empfindliches Gemüse wie Tomaten oder Gurken, die neben viel Sonne und möglichst keinem Regen unbedingt einen windgeschützt Platz wollen. ....

Bei Petersilie empfehle ich zum Beispiel die Sorte 'Lisette', eine Krause, die sehr fest steht. Wer nicht so geduldig ist, sollte mit Rucola oder Radieschen anfangen, sie laufen schnell auf und können dann auch in Bälde gegessen werden. Natürlich gibt man sich auch da nicht mehr mit den gewöhnlichen roten, runden Radieschen zufrieden, sondern sollte auf einer bunten Mischung aus vielen Farben, Formen und Geschmacksrichtungen bestehen, Regenbogen-Radieschen eben. Wer auch im Winter etwas fürs Auge und zum Beeindrucken der Nachbarn haben möchte, sollte jetzt im März einmal den lila Grünkohl 'Scarlet' in den Topf aussäen. Er sieht von Oktober bis zur Ernte im Januar/Februar überraschend dekorativ aus und schmeckt auch. Leider verliert er beim Kochen, wie übrigens lila Bohnen auch, seine Farbe.

Der Chelsea-Schnitt
(The Chelsea Chop)

▶........... NEIN, HIERBEI GEHT ES NICHT UM DEN HAARSCHNITT eines Fußballers des FC Chelsea, schreibe ich doch lieber über Gartenthemen. Vielmehr handelt es sich um eine altbewährte Staudenschnitttechnik, die nur etwas in Vergessenheit geraten ist und in der Woche angewendet wird, in der die Chelsea Flower Show stattfindet, also Mitte/Ende Mai. Dass es sich lohnt, zum Beispiel den Frauenmantel *(Alchemilla mollis)* oder die Katzenminze *(Nepeta)* kurz vor den Sommerferien bis auf zehn Zentimeter herunterzuschneiden, propagiere ich ja nun schon seit einigen Jahren. So kommt man im Herbst in den Genuss einer zweiten Blüte. Es gibt aber auch eine Gruppe von Pflanzen, die schon Anfang Mai bearbeitet werden möchte, was sehr zu Stabilität und Blütenreichtum beiträgt. Als gutes Pflanzenbeispiel für den Chelsea-Schnitt dienen die Fetthennen *(Sedum)*, denn sie neigen im Frühjahr aufgrund zu üppiger Düngung oder milder Winter dazu, so kräftig zu wachsen, dass sie die schweren, dicken Blätter an den Stämmen nicht bis zum Spätsommer halten können und kollabieren, was Lücken bildet. Wer sich aber jetzt, Ende Mai/Anfang Juni traut, die Staudenfetthennen um die Hälfte einzukürzen, wird feststellen, dass sie dies im Herbst nicht nur durch vermehrte Blüte, sondern auch mit sehr stabilem, schönem Wuchs danken. Wir empfehlen diesen Schnitt besonders für die Sorten wie *Sedum* 'Herbstfreude', 'Matrona' oder 'Brilliant'. Bei den Fetthennen wird die gesamte Pflanze reduziert, während beim echten Chelsea Chop nur die äußeren Stängel bestimmter Pflanzen geschnitten werden. Bei richtig kräftigen Phloxen zum Beispiel werden die äußersten Triebe um die Hälfte gekürzt und die Mitte bleibt stehen. Das Resultat kann sich sehen lassen, denn der äußere Kranz wird nicht nur sechs Wochen später, sondern auch wesentlich üppiger blühen. Keine Sorge, die äußeren Stängel werden bis zur Blüte in der Höhe wieder ein wenig aufholen, dann aber etwas unterhalb der verblühten Mitte blühen. Dieser Schnitt sollte nicht später als Mitte/Ende Mai erfolgen, sonst erholt sich die Pflanze nicht mehr von diesem rabiaten Eingriff. Und bitte auch nur um die Hälfte kürzen. Natürlich ist der Phlox nicht die einzige Staude, die diese Schnittmaßnahme gutheißt, doch Vorsicht bei Experimenten, nicht alle Stauden eignen sich dafür. Ganz besonders gut reagieren Glockenblumen *(Campanula lactiflora)*, Wasserdorst *(Eupatorium maculatum)* und Sonnenhut *(Echinacea purpurea)*, während viele schwächer wüchsigen Sorten des Sonnenhuts diese Tortur nicht mögen. Bei den Indianernesseln *(Monarda didyma)* hat der Rückschnitt des äußeren Rings den zusätzlichen Vorteil, dass die Anfälligkeit für Mehltau sinkt. Auch dem Sonnenauge *(Heliopsis)*, dem beliebten und auf Sandboden üppig wachsenden Gelben Sonnenhut *Rudbeckia* 'Goldsturm' sowie 'Herbstsonne', bekommt dieser Rückschnitt sehr gut. Auch die Goldrute *(Solidago)* genießt diese Form der Zuwendung, aber bei ihr halte ich diesen Aufwand für ziemlich unnötig.

.... Wer sich einen radikalen Rückschnitt nicht zutraut, kann ausprobieren, nur jeden dritten, vierten Stängel um die Hälfte bis zu maximal einem Drittel zu kürzen, auch dies hat den Effekt, dass sich die Blütezeit um vier bis sechs Wochen verlängert. ....

Dies ist aber bei großen Staudenflächen erheblich aufwendiger. Ich weiß, dass es sehr schwer fällt, jetzt die sich gerade bildenden Blüten wegzuschneiden. Nur Mut, Augen zu und durch, es lohnt sich! Übrigens auch bei den Dahlien, vor allem bei jenen, die Sie jetzt blühend gekauft haben, ist es wichtig, die verblühten Blüten unterhalb des ersten Blattrings rechtzeitig abzuschneiden, dann bilden sich schnell wieder neue Blütenknospen. Dahlien können bei regelmäßigem Rückschnitt der Blüten bis in den November blühen.

Lobgesang auf die Einjährigen!

▸............ WIESO EIGENTLICH HABEN ALLE BALKON- UND GAR-
TENBESITZER so eine unglaublich skeptische Einstellung zu einjährigen Pflanzen – ich kann das nicht verstehen. Wie oft höre ich den
Kommentar: „Oh, das ist aber schön, oh, das blüht ja bezaubernd",
gefolgt von der Frage: „Ist das winterhart?" Kaum
wurde geantwor- tet: „Nein, dies ist eine
einjährige Pflanze", steht das arme Ding
schon wieder auf dem Tisch. Das kann
doch nicht sein, Sie verweigern doch
auch nicht den Kauf von Gemüse
oder von Lebens- mitteln, weil sie das
Abendessen aller Wahrscheinlichkeit
nach nicht überle- ben.
Der große, große Un- terschied zwischen einer
Staude und einer einjäh- rigen Pflanze ist nämlich,
dass Erstere etwa vier bis acht Wochen im Jahr und Letztere von Mai
bis November blühen, wenn man sie gut pflegt. Die einjährige Pflanze
verausgabt sich sozusagen völlig mit der langen Blüte, um Samen zu
setzen. Deshalb ist es auch so wichtig, bei den Einjährigen stetig die
verblühten Blüten zu entfernen, damit sie eben keine Samenstände
bilden und somit ihre Lebensaufgabe abgeschlossen haben, nämlich
die Vermehrung ihrer Spezies. Natürlich gibt es auch Ausnahmen, die
gar keine Saat setzen, und die sind natürlich besonders pflegeleicht,
wie zum Beispiel die aus den USA und Mexiko stammende *Gaura
lindheimeri*, auch Pracht- oder Präriekerze genannt. Die Prachtkerze
ist allerdings in ihrer Heimat keine einjährige Pflanze, sondern eine
Staude, doch behandle ich sie als solche, da sie nur sehr selten unsere
Winter überlebt. Übrigens, da die *Gaura* sehr trockenheitsresistent
ist, eignet sie sich auch super für den Balkonkasten und den Terras-
sentopf. Auch heftige Winde, von denen wir in luftigen Höhen von
Gebäuden ja reichlich haben, machen ihr überhaupt nichts aus.
Eine meiner beliebtesten und ein wenig in Vergessenheit geratenen

Einjährigen ist die Jungfer im Grünen *(Nigella damascena)*, die man meines Wissens nur als Saat kaufen kann. Traumhafte, eingekapselte Samenballons bilden sich nach dem Verblühen der azurblauen Blüten.

.... Ein von uns und von Gertrude Jeckyll beobachtetes Phänomen ist, dass Beete mit Jungfer im Grünen von Schnecken gemieden werden – fragen Sie mich nicht warum, aber einen Versuch ist es schon wert. ....

Nun ist diese kleine Blume kein richtiger Hingucker, da gibt es ganz andere Genossen, ohne die gar kein Sommer vergehen sollte, wie zum Beispiel die vielen Ziertabaksorten und die Spinnenblume *(Cleome spinosa)*. Zuerst einmal zum Tabak, da wäre mein Favorit die *Nicotiana mutabilis*, deren kleinen zauberhaften Engelstrompeten sich weiß öffnen, dann rosa werden und pink verblühen, daher der Name *mutabilis*, die Mutierende. Auch *Nicotiana sylvestris*, der echte Tabak, hat einen tollen Duft, der vor allem abends und nachts zu genießen ist; und alle Tabakpflanzen helfen, auch kleine Schädlinge abzufangen, indem diese an den klebrigen Stämmen und Blättern des Tabaks hängen bleiben. Übrigens blüht die *N. mutabilis* bis in den späten Frost hinein, bis dahin hat sie eine Höhe und Breite von gut einem Meter und Hunderte von kleinen Blütentrompeten.
Ein auch für mich echter Newcomer ist *Campanula pyramidalis* 'Alba', der laut Internet 1,5 m hoch werden kann, nur dass unsere bereits im Topf eine Höhe von 1,8 - 2,0 m aufweisen und eine mindestens 60 cm lange Blütenrispe tragen. Vergessen darf man aber bitte auch nicht die Schmuckkörbchen *(Cosmos bipinnatus)*, denn da ist in den letzten Jahren auch viel passiert; solche Sorten wie 'Cosmo Red', 'Cosmo Orange' usw. haben tolle intensiv leuchtende Farben, keine besonderen Wasser- und Bodenansprüche und blühen bis Oktober/November. Kaufen Sie nicht nur die einfachen niedrigen Cosmeen für die Beete, trauen Sie sich ruhig auch an die hohen, zierlich wachsenden Sorten wie 'Daydream', 'Albatros' oder die lilafarbene 'Dassler', die alle samt 1,5 m hoch werden können. Sie bewegen sich schön im Beet, viel graziler als die alten, gängigen Sorten.

Oh, diese Früchtchen...

▶............... DAS SCHÖNSTE FÜR UNS KINDER WAR DIE ERNTEZEIT im Garten. Mein älterer Bruder liebte es, wenn die sauren Stachelbeeren auf der Zunge prickelten. Meinen jüngeren Bruder sah man nur auf der Erde zwischen den Erdbeeren herumkriechen und ich mochte besonders die Him- und Brombeeren, wobei Letztere immer eine Herausforderung waren, kam ich doch meist völlig zerkratzt zurück, denn die süßesten Früchte hängen ganz oben. Beim Naschen der Himbeeren war man nicht selten in Gesellschaft. Oft sahen einen kleine Raupen aus dem Gebüsch heraus an. Warum gleich mit Mord drohen, sie schmeckten auch nur nach Himbeeren.

.... Neben den bekannten Beerenobstarten gibt es heute viele neue, wie die Cranberry. Wenn sie in sauren und humosen Boden gepflanzt wird, beglückt sie uns mit einem Meer von vitaminreichen, leuchtend roten, stachelbeergroßen Früchten...

Unter den Johannisbeeren gibt es weiße, rote und schwarze, als Busch oder Stamm. Während die schwarzen am einjährigen Holz fruchten, tragen die roten und weißen an zwei- bis dreijährigen Trieben. Bei beiden schneidet man nach der Ernte Triebe, die älter als vier Jahre sind, heraus, während bei den schwarzen die abgetragenen Triebe über der Erde geschnitten werden. Wermut, zwischen die Johannisbeeren gepflanzt, schützt weitestgehend vor Säulenrost. Eine vorbeugende Behandlung mit Schachtelhalmbrühe wehrt weitere Pilzkrankheiten ab. Eine gute Sorte der roten Johannisbeeren ist 'Rolan' mit kräftigem aufrechtem Wuchs und großen Früchten.
Stachelbeeren gedeihen unter ähnlichen Bedingungen. Auch hier werden die über vier Jahre alten Triebe herausgeschnitten. Es gibt rote, grüne und gelbe Sorten, die roten sind meist nicht ganz so sauer. Wem diese stachligen Gesellen noch nicht piecksig genug sind, kann sich mit Brombeeren befassen. Brombeeren sollten an einem stabilen

Rankgerüst wachsen und von zwei Seiten zugänglich sein. Nur ein regelmäßiger Schnitt verhindert, dass aus dem Brombeerspalier ein undurchdringliches Gestrüpp wird. Vorsicht, Brombeeren können sehr wuchern. Eine dornenlose Sorte ist 'Thornless Evergreen'. Himbeeren, rote wie gelbe, tragen an den Zweigen, die im Sommer neu austreiben. Die abgetragenen Ruten werden bis zum Boden abgeschnitten. 'Golden Queen' ist eine wunderbare gelbe Sorte, bei den roten empfehle ich 'Meeker' und 'Willamette'.

Aronia-Beeren, am besten ist die Sorte 'Viking', sind wahre Vitaminbomben. Die bis zu 2 m hohen Sträucher haben dunkelgrünes, glänzendes Laub mit sehr schöner Herbstfärbung. Sie mögen, wie die Heidelbeeren, leicht sauren Boden. Die Sorte 'Goldtraube' mit großen, mittelblauen Früchten ist sehr ertragreich.

Erdbeeren sind ein Muss für jeden Garten. Gepflanzt werden sie im August. Erdbeerableger bilden leicht Wurzeln. Erwachsene Pflanzen müssen nach der Ernte mit Nährstoffen versorgt werden, sie bilden noch im Herbst Blütenansätze für das nächste Jahr. Da Erdbeeren von den Walderdbeeren abstammen, ist es gut, ihnen ähnliche Bedingungen zu schaffen. Mulchen schafft eine gute Atmosphäre, so breiten sich die flachwachsenden Erdbeerwurzeln ungestört aus. Eine gute, sehr zuverlässige Sorte ist 'Senga Sengana'; ein besonders gutes Aroma hat 'Mieze Schindler'. Beliebt bei Kindern sind öfter tragende Sorten wie 'Ostrara' und 'Imtraga'. Erdbeeren sind bei ungünstiger Witterung pilzanfällig. Eine Mischkultur mit Zwiebeln und Knoblauch stärkt die Widerstandskraft.

Zu guter Letzt möchte ich noch kurz auf die Vitamin-C-Bombe Sanddorn eingehen. Die weiblichen Pflanzen brauchen Bestäuber, wobei eine männliche Befruchterpflanze bis zu sechs weibliche bedienen kann. Die Sorte 'Sandora' braucht keinen Befruchter. Sanddorn wird kaum von Schädlingen befallen, ist frosthart und windfest.

In jedem noch so kleinen Gärtchen sollte eine Nascheecke sein. Ist dies nicht möglich, integrieren Sie zum Beispiel Johannisbeersträucher in die Beete oder pflanzen Walderdbeeren unter Bäume.

Motte in Blätterteig

▸............ WENN IM FRÜHSOMMER RIESIGE SCHNEEWOLKEN durch die Straßen wehen, entpuppen sie sich kurz darauf als Kastanienblütenblätterwolken. Kurz ist dieser weiße Blütenzauber der Rosskastanie. Leider wird sie zunehmend von einem höchst unliebsamen Gast heimgesucht: der Kastanienenminiermotte, die auch als Blatttütenmotte bezeichnet wird, weil sie ihre Eier unter die Epidermis, also unter die Blattoberfläche legt. Nach vier bis 21 Tagen schlüpfen dann die kleinen Raupen und beginnen sich in das Blatt zu fressen. Dies alles passiert bei milden Temperaturen bereits im April und Mai, fliegen doch die nach dem Winter geschlüpften Motten durch die Stadt, betreiben zügellose Fortpflanzung am helllichten Tag, um wenige Tage später zwischen 20 und 80 Eier in die knackig jungen und grünen Kastanienblätter zu pieksen. Pro Stich deponieren sie ein Ei. Es wurden bereits Kastanienblätter mit über 300 Einstichen gesichtet, was eher nach einer überfüllten WG aussieht als nach einem harmonischen Miteinander. Das Schadbild kennen Sie alle, es entsteht eine Art Blattblase, wobei man aufgrund der transparenten Epidermis unter der Blattoberfläche durchaus auch Raupenaktivitäten entdecken kann. Diese Aktivitäten scheinen auch unseren einheimischen Vögeln aufgefallen zu sein, denn sie beginnen in meinem Hinterhof bereits eine Art Woodstock Festival zur Raupenernte zu veranstalten. Jedenfalls kann ich große Vogelbewegungen in der nachbarlichen Kastanie beobachten, denn der Spatzen- und Meisennachwuchs ist geschlüpft und braucht jetzt dringend Nahrung. Es ist beachtlich, was ein in einem Hinterhof lebender Schwarm von Spatzen in einer Saison vertilgen kann, bei einem Spatzen- oder Meisenpaar soll es sich um ein paar Hundertausend Raupen im Jahr handeln. *Igittigitt*, stellen Sie sich einmal diese Unmenge an kleinen, nackten Miniermottenraupen vor, eklig, aber mir soll es recht sein. Um neben der fleißigen Unterstützung der Vögel zusätzlich gegen das Treiben der Miniermotte vorzugehen, ist ganz wichtig, dass im

Herbst das gesamte Kastanienlaub aufgesammelt und entsorgt wird, aber bitte keinesfalls auf den eigenen Komposthaufen. Denn dort schlüpfen dann im Frühjahr die Spätgenerationen, die im Mai gleich wieder loslegen. Nur in großen Stadtgärtnereien erzeugen die Komposthaufen so hohe Temperaturen, dass die Larven darin absterben. Übrigens geht die Larve unter der Blattoberfläche durch ganze sieben Raupen- und Entpuppungsstadien, wobei sie nur während der ersten vier Stadien auch frisst und sich dann verpuppt.

.... Es gibt Kastaniensorten, welche die Miniermotte nicht mag, zum Beispiel die rote Aesculus × carnea *'Briotii'.* ....

Aber sie ist natürlich kein Ersatz für unsere schöne, aus dem Balkan stammende Rosskastanie, die seit dem 16. Jahrhundert auch in Mitteleuropa als einheimisch gilt. Sie können diesen Kastanien also nur helfen, indem Sie die Blätter aufsammeln und vernichten und Vögeln, besonders Meisen, ein schönes Zuhause bieten. Natürlich gibt es auch Spritzmittel, sogar erlaubt, doch wie will man diese anwenden? Die Kastanie in unserem Hinterhof ist mindestens 25 m hoch, da müsste ja jede Partei mit einer sehr langen Düse von ihrer Etage aus Etage spritzen. Das geht vielleicht im Hinterhof, aber was ist mit den vielen Hunderten frei stehenden Bäumen in unseren Straßen und Parks? Man bräuchte eine Hebebühne oder gar einen Helikopter und wer sollte das bezahlen? Also setze ich auf Vögel, die sich auf die Motten in Blätterteig spezialisiert haben, und um sie in der Stadt zu halten, bin ich eine große Verfechterin von efeubewachsenen Brandwänden geworden, denn hier überwintern Tausende von einheimischen Vögeln und nützlichen Insekten, die dann den Fremdlingen den Garaus machen.

Umwerfender Farbenrausch

▶............ KOMMT ES IM FRÜHLING NOCH EINMAL ZU EINEM TEMPERATURSTURZ, hat das tatsächlich auch Vorteile: die Blütezeit vieler Pflanzen zieht sich über mehrere Wochen hin. Flieder, der eigentlich schon verblühen würde, ist gerade erst am Ausklingen, deshalb möchte ich Ihnen an dieser Stelle noch einmal den Tipp geben, den Flieder unbedingt nach der Blüte zurückzuschneiden, damit er gleich im nächsten Jahr wieder blüht. Und schneiden Sie ihn ruhig ein bisschen kräftiger zurück, damit er nicht zu sparrig wird. Weitere große Profiteure kühler Frühlingstemperaturen sind die Rhododendren, denn sie blühen dann über Wochen, und ich kann nur empfehlen, diese Zeit zu nutzen, um sich einen auszusuchen. Denn ob die Farbe gefällt und ob der Rhododendron auch sortenrein blüht, kann man nur jetzt mit Sicherheit feststellen. Ich finde nichts enttäuschender als eine Falschlieferung, die gerade im Gartenbau immer wieder einmal passieren kann. Da pflanzt man im Herbst einen rosaroten Rhododendron, um dann im Mai von einem lila Ungeheuer überrascht zu werden. Das ist nicht nur ärgerlich, sondern auch sehr aufwendig, wenn man diesen Strauch in den gewünschten umtauschen möchte, und oft ist es gar nicht mehr möglich. Ich möchte gar nicht wissen, wie viele sogenannte Falschlieferungen ungeliebt in unseren Gärten verweilen. Um sich mit diesem Problem gar nicht erst befassen zu müssen, ist jetzt die richtige Zeit, den Rhododendron oder die Azalee zu kaufen und zu pflanzen, denn eine Sommerpflanzung macht ihnen rein gar nichts aus.

.... Wichtig ist, dass Sie sich beim Kauf bezüglich der Wüchsigkeit der Rhododendren gut beraten lassen, denn es gibt auch da riesige Unterschiede. ....

Wenn Sie einen brauchen sollten, hinter dem Sie die nächsten fünf bis zehn Jahre den Nachbarn verschwinden lassen wollen, dann empfehle ich, sich an die großblumigen Hybriden der 'Catawbiense-Gruppe' zu halten. Hier gibt es den alles überwachsenden 'Catawbiense Grandiflorum', der in England ganze Landstriche überwuchert und sich als Autobahnbegrünung etabliert hat. Im richtigen Boden kann er eine Höhe von 4-5 m erreichen und blüht nur in echtem Rhododendron-Lila. Eine etwas rosafarbenere, ebenfalls hochwüchsige Variante ist 'Roseum Elegans'. Hierbei handelt es sich auch um eine ganz alte Sorte, die im Garten meiner Eltern völlig unverwüstlich mittlerweile 3-4 m hoch und breit gewachsen ist. Sie gehört zu den anspruchslosesten Rhododendren, und das ist aus meiner Sicht auch eine ganz wichtige Eigenschaft, denn besonders in Gebieten mit sehr sandigen Böden sollte man keine komplizierten Sorten pflanzen. Wer weißen Rhododendron bevorzugt, sollte es mit 'Cunninghams White' versuchen, allerdings blüht dieser sehr früh und ist bereits verblüht, wenn die bunten Rhodos mit ihrer Blüte beginnen. Die Tausenden von alten und neuen Sorten möchte ich hier gar nicht aufzählen, denn dies wäre ein endloses Unterfangen. Wichtig ist, die großen Pflanzen nach hinten und die niedrigwüchsigen nach vorn zu setzen, dazwischen könnte ab und an eine etwas edlere Form aus Japan gepflanzt werden, also zum Beispiel *R. yakushimanum* aus Yakushima, die zwar meist nicht sehr groß werden, aber in sehr edlen Farben blühen und durch besonders schöne Blätter beeindrucken, die an der Unterseite rotbraune Behaarung aufweisen. Keinesfalls sollte versäumt werden, hier und da ein paar Duftazaleen, *R. luteum* zu setzen, damit das Bild komplett ist. Und bitte nicht in Sandboden pflanzen, sondern immer mindestens eine Handbreit Torf unter den Ballen und mindestens 20-30 cm Torf um den Ballen herum füllen, dann hat der Rhododendron sogar bei mir in Berlin eine gute Chance. Übrigens ist jetzt die beste Zeit, die Rhododendron-Büsche vor dem Dickmaulrüssler zu schützen, indem Sie Nematoden in den Boden um die Pflanzen streuen. Diese sind in jedem guten Fachhandel erhältlich.

Von Rosen und Fingerhüten

▶............ ROSEN ZU SCHNEIDEN IST FÜR VIELE GÄRTNER ein Buch mit sieben Siegeln, und das hat seinen guten Grund, denn ihr Schnitt ist vielseitig. Da jeder, der schon einmal eine Rose hatte und sich dazu auch eine bebilderte Anleitung zu Schnitt und Pflege gekauft hat, weiß, dass die Rose im Beet nicht nur ganz anders aussieht als im Buch abgebildet, sondern sie, jene kräftigen Triebe usw. überhaupt gar nicht aufweist, von denen man sich da trennen soll. Nach dem letzten Winter war es ja eher so, dass man sich über jedes klitzekleine Grün, das aus der Erde sprießte, geradezu kindisch gefreut hat, und gar nicht erst auf die Idee kam, da überhaupt irgendetwas abzuschneiden.

.... Jede Rosensorte braucht eine andere Art der Aufmerksamkeit und ich empfehle wirklich, einen Kurs zu belegen, denn es hat sich viel über die Jahre geändert. ....

Und ob Sie es glauben oder nicht, auch ich habe in diesem Frühjahr einen Kurs des Rosenfachmanns James Foggin aus dem Rosengarten Ettenbühl mitgemacht, um meine Kenntnisse zu erweitern. Viele der alten Klischees musste auch ich über Bord werfen und neuen Ideen Raum geben, doch was mir am meisten gefallen hat, war das Arbeiten an der Rose. Alles wurde an echten Pflanzen demonstriert und sehr kompetent erklärt.
Ich möchte aber auch ein wenig Aufklärung zu den momentan bezaubernd blühenden Fingerhüten geben, denn auch da scheint bei den meisten Gartenbesitzern große Verwirrung zu herrschen. „Wann und wie blüht der Fingerhut? Warum blüht meiner nicht und vor allem: warum säht sich meiner nicht aus?" sind oft gestellte Fragen. Zuerst einmal ist wichtig zu wissen, dass der normale Garten- oder Waldrandfingerhut, auch Roter Fingerhut genannt *(Digitalis pur-*

purea), nur zweijährig ist, d.h. er produziert im ersten Jahr nur eine Blattrosette und die Blüte dann erst im zweiten Jahr.

.... Ist man also allzu eifrig mit der Hacke oder beim Winterputz, kann es gut sein, dass alle Jungpflanzen mit entsorgt werden. Noch ein Grund mehr, die Wintersaubermannaktion in den Frühling zu verlegen, denn dann sieht man die kleinen Sämlinge schon viel besser und kann sie stehen lassen. ....

Wer gar kein Glück damit hat, den Fingerhut direkt ins Gelände auszusäen, sollte es einmal mit der Aussaat im Topf probieren und die kleinen Sämlinge dann ins Beet pflanzen. Übrigens bevorzugen alle Fingerhüte lichten Schatten; Waldrandsituationen sind ideal und ein saurer, humoser Boden wird der Sandkiste durchaus vorgezogen. Der Großblütige Fingerhut *(Digitalis grandiflora)*, dessen Blüten schwefelgelb sind, wird nicht ganz so hoch wie der Rote, ist aber dafür mehrjährig, wie auch sein exotischer wirkender Verwandter *Digitalis parviflora*, der Kleinblütige Fingerhut und *Digitalis lutea*. Beide werden nur etwa 50-70 cm hoch. Dieser Fingerhut, zeichnet sich vor allem durch seine wesentlich niedrigere Blütenrispe und braunfarbene Blüten aus. Es handelt sich nicht, wie bei den anderen Fingerhüten, um eine Pflanze, die bereits in kleinen Gruppen eine Supershow hinlegt, *Digitalis parviflora* ist schon eher eine Präriepflanze, die erst auf gößeren Flächen tatsächlich ein echter Hingucker ist. Wer aber auch mit kleineren, delikaten Sorten etwas anfangen kann, oder gar Sammler ist, der sollte sich die Sorte *D. parviflora* 'Milk Chocolate' nicht entgehen lassen. Wer einen schneeweißen Fingerhut möchte, muss auf *D. purpurea* zurückgreifen; die schönste Sorte ist hier 'Snow Thimble'. Wichtig noch zum Abschluss: Alle Teile dieser Pflanze sind hochgiftg, deshalb sollten im Umgang mit ihr immer Handschuhe getragen und auf Kinder und deren Begegnungen mit der Staude ganz besonders gut geachtet werden. Hände waschen ist das A und O!

Sehr geehrte Frau Pape!

Sind Pflanzen aus dem Gartencenter, Baumarkt oder aus dem Supermarkt tatsächlich schlechter als Pflanzen, die ich beim Gärtner kaufe?

Sehr geehrte Gärtnerin,

na, das ist jetzt aber eine Frage, mit der ich mir viele Feinde machen kann, denn wer kauft nicht gern mal eine Pflanze an der Kasse im Supermarkt. Nun möchte ich aber zuerst einmal klarstellen, dass ein Gartencenter nicht mit einer gewöhnlichen Lebensmittelkette oder einem Baumarkt verglichen werden sollte, denn, auch wenn Gartencenter in größeren Mengen Pflanzen zukaufen, wird dies meistens von geschultem Fachpersonal getätigt. Gartencenter sind, wie der Name impliziert, Zentren für alles rund um den Garten. Supermärkte und Baumärkte hingegen kaufen Chargen von Pflanzen, die ihnen besonders günstig angeboten werden, und stellen diese dann zum Verkauf hin. Hier ist nicht das Angebot ausschlaggebend, sondern der Preis. Des Gartencenter hingegen kauft saisonal und gezielt Pflanzen ein und das meist bei renommierten Großhändlern oder Züchtern. Die Qualitätsfrage, die Sie ansprechen, ist eigentlich eine andere, denn das Problem bei beiden, Baumarkt wie Gartencenter, ist die fehlende Individualität. Damit meine ich, dass wenn ein Gartencenter 50000 Geranien kauft, es damit rechnet, dass etwa 10% davon weniger gute Ware sind. Wer eine dieser 5000 Pflanzen bekommt, ist traurig, der Rest freut sich. Ein Gärtner hat meist weder die Kapazitäten, 50000 Pflanzen zu ziehen, noch kann er sich einen Verlust von 10% leisten, vor allem wenn er nur 200 zieht. Damit meine ich, dass er, im Allgemeinen, liebevoller und damit auch individueller mit den Pflanzen umgeht. Unangenehm ist, dass allzu große Massenproduktionen dann letztendlich auch zu dramatischen Seuchen und Krankheiten führen, wie zum Beispiel den Buchspilzen und dem Pilz, der die Fleißigen Lieschen gerade sterben lässt. Alles Resultat des Versuchs, aufwendige Pflanzen leichter und vor allem billiger zu produzieren.

Liebe Frau Pape,

im letzten Herbst hatte ich meine Schwertlilien von einem sonnigen Beet in den Schatten versetzt, weil die Blätter schon kurz nach der Blüte braun wurden, was wirklich einen hässlichen Anblick bot. In diesem Frühsommer hat aber nur eine Pflanze geblüht. Stehen sie nun zu dunkel, oder benötigen sie ein weiteres Jahr, um wieder so schön wie eh und je zu blühen?
Wir haben einen ziemlich schweren Lehmboden. Wie tief sollte ich sie eingraben? Muss die Wurzelknolle vom Erdreich bedeckt sein? Wann ist die beste Umpflanzzeit?
Mit vielem Dank im Voraus grüßt Sie Ihre K. K.

Liebe Frau K.,

die Idee, Ihre Schwertlilien an einen schattigeren Ort zu stellen, war leider keine gute, denn die Schwertlilien lieben es, wenn ihre Rhizome, die wie dicke Knollen aussehen, fast ganz offen in der Sonne braten. Deshalb sollte man sie auch nur zur Hälfte einpflanzen und die andere Hälfte zur Sonne exponiert pflanzen. Viele Iris-Arten, zu denen die Schwertlilie gehört, kommen aus sehr trockenen Ländern wie der Türkei oder dem Libanon, und haben sich deshalb diese knolligen Speicherorgane, auch Rhizom genannt, zugelegt, damit sie auch unter diesen schwierigen Bedingungen überleben können. Wenn der Schwertlilie, die übrigens überhaupt nicht mit der Lilie verwandt ist, nach der Blüte die Blätter vertrocknen, dann will sie sich in ihre Knolle zurückziehen, und das ist kein Zeichen von Unwohlsein, sondern ihre Art und Weise, sich der sommerlichen Trockenheit zu entziehen. Aus diesem Grund sollte man Iris nie in den Vordergrund eines Beets pflanzen, sondern eher in die zweite Reihe oder in die Mitte, sodass die absterbenden Blätter oder Schwerter dann im frischen Laub anderer Stauden verschwinden. Es macht ihnen übrigens nichts aus, wenn Sie nach der Blüte die Schwerter stark einkürzen. Im Gegensatz zur Zwiebel nimmt ihnen das nicht die Kraft.

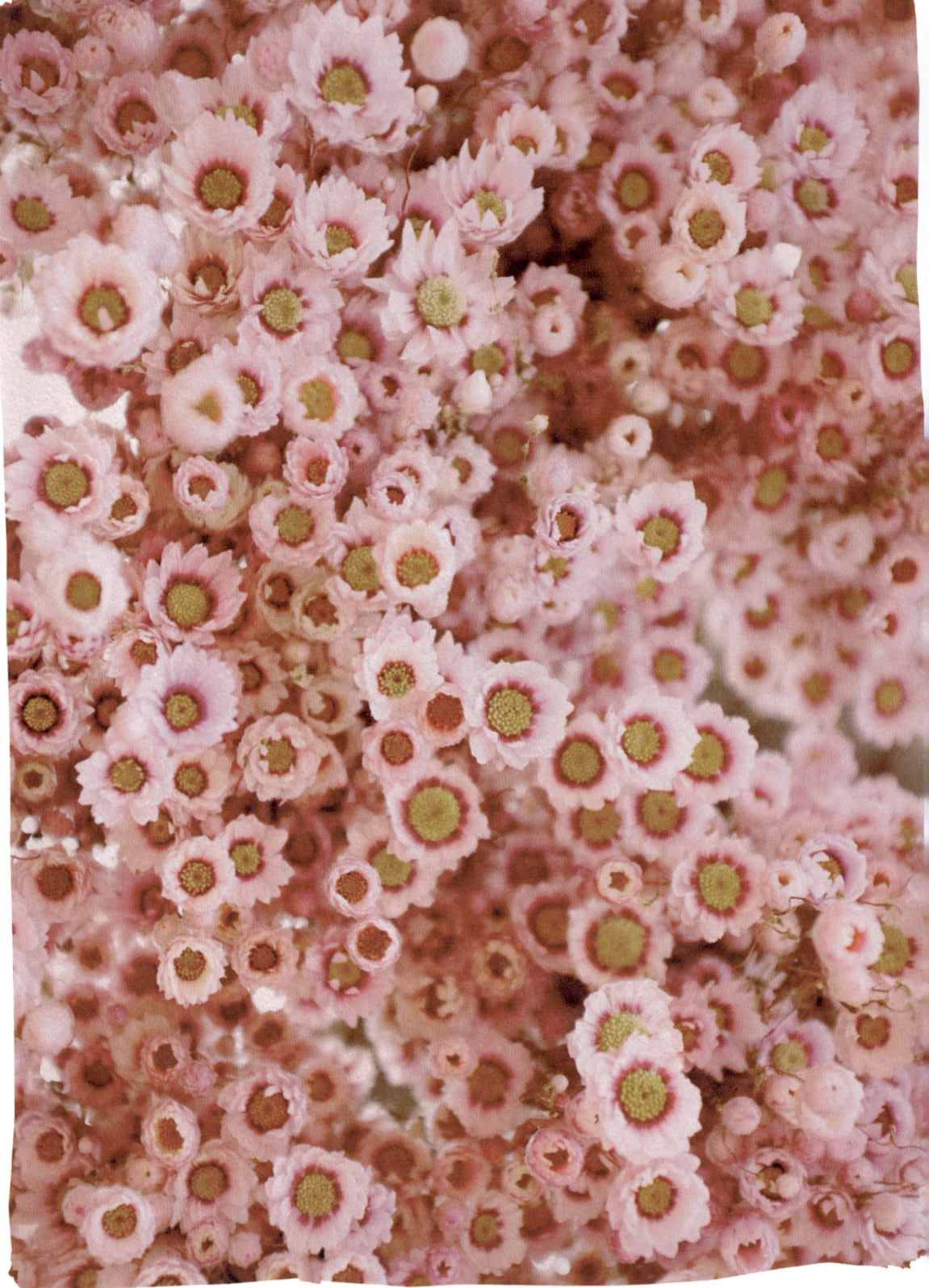

DER SOMMER IST DA!

—

Wer muss bei so viel südländischem Flair auf der eigenen Terrasse überhaupt noch in den Süden fliegen?

—

Von Ramblern

▶............ WER SICHERGEHEN WILL, auch die Rose zu bekommen, die ihm vorschwebt, sollte im Frühsommer nach der geeigneten Rose Ausschau halten. Denn bei perfektem Wetter – nicht zu heiß, nicht zu kalt und regelmäßig Regen – also bei englischem Wetter, gedeihen fast alle Rosen gut; doch welche auch den aktuellen dramatischen Wetterbedingungen gewachsen sind, sieht man am besten jetzt. Ich gehe momentan täglich durch die Rosen, um festzustellen, welche sich bei diesen Höchst- und Tiefsttemperaturen am besten machen. Man bedenke, dass diese Pflanzen zwischen Winter und Sommer Temperaturunterschiede von gut 60 °C ertragen müssen, zumindest in Berlin.

Besonders fallen mir bei den Ramblerrosen, also den etwas wilderen Kletterrosen, sehr gesundes Laub und völlig unbekümmerte, glückliche Blütenpracht auf. Meine zwei Favoriten sind dabei die nicht ganz so wuchtig wachsenden Sorten 'Snow Goose' von David Austin und 'Guirlande d'Amour' des belgischen Züchters Lens. Bei beiden handelt es sich um weiß blühende Rosen, oder eher Röslein, denn beide haben recht kleine, zierliche Blüten, die an Blütenbüscheln, sogenannten Dolden, wachsen. 'Snow Goose' ist eine englische Moschata-Hybride, die im Gegensatz zur 'Guirlande d'Amour' remontierend ist, das bedeutet, dass sie öfter blüht. Letztere blüht dagegen nur zweimal, im Juni/Juli und noch einmal im Spätsommer/Herbst. Beide duften lieblich, wobei die 'Snow Goose' durch ihre gelben Staubgefäße fast wie ein großer Gänseblümchenbusch wirkt. Sie hat, was vielen ängstlichen Eltern gefallen wird, so gut wie keine Stacheln; der Vorteil ist, sie piekst nicht, der Nachteil allerdings, sie muss aufgrund der fehlenden Stacheln, die beim Klettern helfen, sehr häufig angebunden werden. Übrigens sagt man zwar „Keine Rose ohne Dornen", doch ist dies sachlich leider nicht richtig, denn die Rose hat Stacheln; der Unterschied ist, dass man Stacheln, wie bei den Rosen, abbrechen kann, wogegen sich Dornen nicht ohne Schere entfernen lassen, wie zum Beispiel beim Sanddorn.

Mein von Duft und Namen favorisierter Rambler, 'Mme Alfred Carrière', schneidet bei diesem Wetter auch recht gut ab, zumal Madame die Hitze mit üppiger Nachblüte dankt; da fallen aus meiner Sicht die etwas von Mehltau befallenen Blätter eher in den Hintergrund. Übrigens sollten Sie es bei Mehltaubefall bitte immer erst noch einmal mit zusätzlichem Dünger und vor allem mit viel Wässern probieren, bevor Sie zur Giftspritze greifen.

.... Viele Rosen lieben Hitze zwar, haben aber ihre Wurzeln noch nicht tief genug ausgebildet, um ihr autonom standhalten zu können. Alten, etablierten Rosen macht die Hitze dagegen wenig aus. ....

Mir ist wieder einmal aufgefallen, dass die einmal blühenden Kletterrosen oft das gesündeste Laub haben. Nun wird der echte Rosenfreund natürlich zu Recht behaupten, was soll ich denn mit dem Laub, das ohnehin nicht so attraktiv ist, wenn ich die Blüten haben möchte. Das stimmt natürlich, aber es gibt durchaus Kletterrosen, die während ihrer einmaligen Blüte eine so einzigartige Show bieten, dass man fast nicht auf sie verzichten möchte. Zu dieser Kategorie gehört für mich auf jeden Fall 'Constance Spry', sie wächst kräftig und ihre Blüten tragen alle deren Attribute: eine perfekte, rosarote Blüte mit einem betörenden Myrrheduft.

Über Mohn und mehr

▶............... IM JUNI BLÜHT UND GRÜNT EINFACH ALLES und obendrein auch noch die Rosen. Was einem aber seit Ende Mai überhaupt nicht entgehen kann, und darüber kann ich nicht genug schreiben, ist der Türkenmohn *(Papaver orientale)*. Hinreißend und winterhart, einfach unschlagbar, wenn man in einem Land lebt, in dem ständig nach winterharten, einfachen Pflanzen gefragt wird. Einfach: was bedeutet denn eigentlich einfach, und was ist schon einfach? Der Verkäufer meines neuen Fernsehers hat auch behauptet, dieser sei genau richtig für mich und vor allem einfach. Zu Hause stellte ich dann fest, dass wir zwei völlig unterschiedliche Vorstellungen vom Wort *einfach* hatten.

.... Mohn ist einfach! Einfach traumhaft, einfach zu handhaben; sein eventuell einziger Nachteil ist, dass er nach seiner meist sehr üppigen Blüte einzieht. ....

Damit meine ich, die Pflanze sieht aus, als wolle sie den Geist aufgeben und sterben, und sie hinterlässt dann eine recht große Lücke im Beet, weshalb man sie bitte nicht an den Rand einer Rabatte pflanzen sollte, sondern mitten hinein oder zumindest in zweiter Reihe. Dort wird der Türkenmohn sich schon durchsetzen, denn seine Blüten trägt er, und vor allem viele der neuen Sorten, auf ziemlich hohen Stängeln. So können zum Beispiel die Blütenstängel der knall-tiefroten Sorte 'Beauty of Livermere' gut und gerne eine Höhe von 1,5 m erreichen, und wenn man sich dies dann noch in einer Hundertschar von Blüten vorstellt, ist das einfach bezaubernd. Nun bleibt natürlich noch die Frage des dann zurückbleibenden größeren Lochs im Beet, und dafür hatte Gertrude Jekyll immer empfohlen, ein Schleierkraut wie *Gypsophila* 'Rosenschleier' daneben zu pflanzen, das sollte sich dann über die Lücke legen. Isabelle Van Groeningen widerspricht dem allerdings und sagt, dass zum Beispiel eine *Aster lateriflorus* 'Lady in Black' oder eine *Gaura lindheimeri* diese Lücke wesentlich besser füllt, zumal beide den ganzen Sommer und Herbst blühen. Na, und da ich Mrs Jekyll nicht mehr fragen kann, ob sie noch immer zu ihrer Meinung steht und sie wohl auch nur wenig Erfahrung mit Brandenburger Sandwüsten hatte, tendiere ich zu Isabelles Rat.

Nun aber mehr über den Türkenmohn, denn er kommt, wie der Name schon sagt, aus der Türkei, oder auch aus dem Iran und dem Kaukasus, weshalb er sich vielleicht auch in unseren himmlisch mageren Böden so wohl fühlt. Allerdings gebe ich Ihnen den Tipp, doch nicht ganz auf Bodenverbesserung zu verzichten, denn je mehr guten Kompost oder Humus Sie dem Boden zufügen, desto besser wird das Resultat, und das gilt nicht nur für Mohn. Wem die knallrote, hohe Sorte zu frech im Beet erscheint, sollte doch vielleicht die wesentlich elegantere, nicht ganz so hohe Sorte 'Karin' probieren, die so unglaublich sanft geglättete, rosafarbene Blütenblätter aus den engen Kapseln der Knospen hervorzaubert, dass sie manchmal fast künstlich wirkt. In meinem eigenen Garten war der Mohn die einzige Pflanze, die ich zur Blütezeit immer heimlich angefasst habe, um zu prüfen, ob sie wirklich echt ist. Wer mehr Mut hat, sollte keinesfalls auf den sehr, sehr orangenen 'Safran' oder 'Midnight' verzichten, der Ende Mai, Anfang Juni so eine Art sommerlichen Aufweckdienst in den Garten bringt. Wissen Sie, was ich meine? Er blüht nicht schüchtern vor sich hin und erfreut uns beim Vorbeigehen, nein, der ruft schon aus der Ferne, ja fast sogar vor verschlossener Tür: „Hallo, nun komm doch endlich mal in den Garten und schau dir das Spektakel an, das ich dir hier biete." Tja, so ist das mit dem Mohn…

Katzenminze ist nicht gleich Katzenmihze

▶·············· SEIT UNSERER ANKUNFT an der ehemaligen Königlichen Gärtnerlehranstalt in Berlin und seit der Eröffnung der Gartenakademie versuchen meine Gärtner und ich ein Bewusstsein für botanische Pflanzennamen zu schaffen. Denn noch immer gibt es in der Gartenwelt viele Missverständnisse um Bezeichnungen und daraus resultierende Namensverdrehungen. So wird aus dem Sonnenhut gern mal ein Sonnenauge oder umgekehrt, aus dem Fingerhut ein Eisenhut und aus der Königskerze eine Nachtkerze. Und Silberkerzen findet man vor lauter Kerzen überhaupt nicht mehr. Ganz falsch ist dann letztendlich die Annahme, dass alle Kerzen, Hüte und Finger miteinander verwandt sein müssen, was zur Folge haben kann, dass ein Kunde auch glücklich mit einem Fingerhut statt einem Eisenhut nach Hause geht und dabei denkt, „das kann ja nicht so anders sein". In Wirklichkeit ist der Fingerhut (*Digitalis*) eine zweijährige Pflanze aus der Familie *Plantaginaceae*, wogegen der Eisenhut (*Aconitum*) eine mehrjährige Staude aus einer ganz anderen Familie, den Hahnenfußgewächsen (*Ranunculaceae*) ist. Abgeleitet wird das Wort Fingerhut vom lateinischen Wort *digitus* für Finger. Ich will Sie hier nicht mit meinen botanischen Ergüssen langweilen, sondern nur darauf aufmerksam machen, dass es sich lohnt, öfter mal mit einem lateinischen Namen aufzutrumpfen, um auch die Pflanze zu bekommen, die man wirklich haben möchte.

Bei den Kerzen ist es ähnlich und bei den Minzen wird es regelrecht gefährlich. Denn eine Katzenminze als Tee aufgesetzt hat durchaus andere Auswirkungen als eine Pfefferminze. So eignet sich zum Beispiel *Nepeta cataria* ausgezeichnet, um Blähungen zu regulieren, wer aber keine Blähungen hat, sollte sich dieses Getränk auch nicht antun.

.... Als ich vor 30 Jahren meine ersten botanischen Ausflüge in englische Gärten und Gärtnereien machte, konnte mich sowieso niemand verstehen, weil man in England ausschließlich Pflanzen unter ihrem lateinischen Namen einkauft. Von daher blieb mir nichts anderes übrig, als all diese Namen zu lernen. ....

Aber was ich wirklich sagen wollte ist, dass es früher wesentlich weniger Pflanzenarten und -sorten gab und es war daher viel einfacher, eine Pflanze unter ihrer deutschen Bezeichnung zu erhalten. Das beste Beispiel sind die Katzenminzen, die auch in unserer Gärtnerei gern für Verwirrung sorgen. In den guten alten Zeiten gab es die gute alte Katzenminze, *Nepeta × fassenii*, eine Staude mit kleinem behaartem graugrünem Blatt, einer eher mickrigen, kurzweiligen, hellblauen Blüte und einem sehr rücksichtslosen, schlappen Wuchs, der sich durch die sich darin tummelnden Katzen nicht gerade verbesserte. Heute aber gibt es Sorten und Arten der Gattung *Nepeta*, die man aber keinesfalls bekäme, wenn man den Gärtner nach einer Katzenminze fragen würde. Die neuen Sorten wirken jedoch gar nicht so attraktiv auf Katzen, was wiederum den Vorteil hat, dass diese sie nicht vor Verzückung zermalmen. Mein Favorit für den Rabattenvordergrund ist *Nepeta* 'Walkers Low', die viel aufrechter steht, ausgesprochen lange und auffallend blau blüht und, rechtzeitig zurückgeschnitten, auch im Herbst noch einmal blüht. Relativ neu sind die Sorten *Nepeta kubanika* aus dem Kaukasus, die eine echte Mittelbeetpräsenz hat, und *Nepeta prattii*, die fast eine Höhe von 90 cm erreicht und sehr lange, von Ende Mai bis September, blüht und duftet. Ach übrigens, wenn Sie die Katzenminze gegen Blähungen, also *Nepeta cataria*, in Ihren Garten setzen, richten Sie doch gleich ein Wartenummernsystem für Katzen ein, denn die sind geradezu benommen, wenn sie eine solche Staude entdecken. Mit *N. kubanika* oder *N. prattii* sind Sie diesbezüglich auf der ganz sicheren Seite. Also, es ist wie immer im Leben, der Wissende und Interessierte bekommt meist, was er möchte, und der Uninteressierte fühlt sich weiterhin missverstanden.

Sommer ist Oleanderzeit

▶............. ENDLICH SONNIGER SOMMER und sofort kommt die Sehnsucht nach dem Süden bei uns auf. Wer sich nicht in die Staus begeben oder aus anderen Gründen einfach zu Hause bleiben möchte, kann sich mit Oleander, Oliven und Lavendel das Flair südlicher Romantik auf Balkon oder Terrasse zaubern.

Aber wohin damit im Winter, wenn sie zu groß werden? Oleander ist zum Beispiel sehr schnittverträglich; er blüht am zweijährigen Holz, und damit er schön dicht und buschig bleibt, sollte er regelmäßig im Herbst vor der Einwinterung geschnitten werden. Das spart viel Platz. Auch im Frühjahr ist ein Schnitt möglich. Beim jährlichen Erhaltungsschnitt werden die Äste nur bis zu den schon ausgebildeten Knospen geschnitten. Wie bei anderen Gehölzen auch, müssen trockene Äste entfernt werden. Damit der Oleander nicht von unten verkahlt, schneiden Sie bei älteren Exemplaren auch ein paar Äste direkt über dem Boden ab. Wenn das Prachtstück doch zu groß geworden ist, bietet sich ein Radikalschnitt an, d.h. alle Triebe werden um ein oder sogar zwei Drittel gekürzt, was allerdings bedeutet, dass er im folgenden Jahr nicht blüht. Im Sommer zupfen Sie aus optischen Gründen nur liebevoll die verblühten Blütenblätter ab, wenn sie nicht ohnehin von selbst abfallen. Unsere wärmeliebenden Sehnsuchtspflanzen stehen gern in voller Sonne und sollten regelmäßig gegossen werden. Häufiges Düngen – etwa alle sieben bis 14 Tage – verhilft zu üppiger langer Blüte. Wenn es wieder unangenehm kühl wird, freuen sich die Pflanzen über ein helles, kühles Plätzchen bei 5-15 °C. Diese immergrüne Pflanze bitte während des Winters wenig gießen. Achten Sie auf gute Durchlüftung, um Schädlingen keine Chance zu geben.

.... Lassen Sie den Oleander so lange wie möglich draußen stehen, erst wenn Frost droht, sollte er hineingestellt werden. ....

Der Olivenbaum gehört nicht nur aufgrund seines zum Teil bizarren Wuchses und der unglaublichen Stämme zu den südländischen Pflanzen unserer Sehnsucht, denn auch für ihn sind unsere Winter zu kalt. Er ist pflegeleicht und trägt auch in unseren Breiten Früchte. Er kann während des ganzen Jahres geschnitten werden, empfehlenswert ist allerdings das Frühjahr. Nach dem Schnitt sollte die Krone luftig sein, die Haupttriebe bleiben stehen und die dünnen Seitentriebe werden entfernt. Um eine schöne Krone zu erhalten, werden die Hauptäste gleichmäßig gekürzt. Der Olivenbaum braucht relativ wenig Wasser, sobald sich allerdings die ersten Knospen zeigen, sollte er mehr gegossen werden. Wer genügend Platz hat und sich einen so urigen Olivenbaum wünscht, wie man ihn in Griechenland findet, sollte auf einen Schnitt gänzlich verzichten. Auch der Olivenbaum braucht zum Überwintern einen hellen und kühlen Raum.

Lavendel entfacht in uns ebenfalls Erinnerungen an Sommer, Sonne und Ferien in der Provence. Er ist nicht nur eine beliebte Kübelpflanze, sondern wird häufig – mit unterschiedlichem Erfolg – auch im Garten angepflanzt. Er betört durch seinen wunderbaren Duft und seine schöne Blüte. Lavendel ist im Grunde eine sehr pflegeleichte Pflanze. Sie muss unbedingt geschnitten werden, damit sie von unten nicht zu kahl und dadurch unansehnlich wird. Idealerweise sollten Sie Ihren Lavendel einmal im Frühjahr kräftig – etwa um ein Drittel – zurückschneiden und ein zweites Mal, weniger radikal, im Herbst. Nach dem Schnitt sollte noch genügend Laub erhalten bleiben, damit sich die Pflanzen im Winter schützen können.

Zu guter Letzt möchte ich Ihnen noch einen bezaubernden Südländer ans Herz legen: *Duranta erecta*, auch Taubenbeere oder Himmelsblüte genannt, ein schnellwachsender Strauch für den Wintergarten oder die Terrasse. Ihre überhängenden, blauen Blüten gleichen Perlenketten. Während der üppigen Blüte sollte reichlich gegossen werden. Wer muss bei so viel südländischem Flair auf der eigenen Terrasse überhaupt noch in den Süden fliegen?

GARTENPARADIESE PLANEN

—

Bei der Vorplanung des Garten- und Landschaftsplaners geht es, genau wie in der Architektur, um Form und Funktion.

—

Der Gartenplan

▶............ ES IST IMMER WIEDER EIN PHÄNOMEN zu beobachten, wie viele Bauherren völlig im Unklaren darüber sind, was sie sich unter einer Gartenplanung vorstellen und was sie eigentlich von ihr erwarten können.
Dass ein Architekt ein Haus plant und dabei nicht auch gleich noch die Inneneinrichtung, inklusive Gardinen und Tischdecken, mit einbezieht, ist den meisten klar. Beim Garten ist das anders. Oft sehe ich in überraschte Gesichter, wenn ich die Frage, ob denn bei der Vorplanung wenigstens auch ein Pflanzplan dabei sei, mit einem Nein beantworte. Bei der Vorplanung des Garten- und Landschaftsplaners geht es, genau wie in der Architektur, um Form und Funktion, gern auch umgekehrt oder manchmal auch ohne Funktion, aber es geht nicht um die Inneneinrichtung des Gartens, sprich die Neupflanzung. Natürlich sollte ein Gestalter dem Bauherrn bei der Vorstellung einer Vorplanung schon kompetente Auskünfte über die Strukturpflanzen geben können, nicht aber über die Ausstattung jedes einzelnen Beets. Genau wie im Haus auch, dreht es sich um die Positionierung gewünschter Elemente. Natürlich brauchen Sie im Garten nicht unbedingt ein Bad, eine Küche, eine Bibliothek oder ein Fernsehzimmer, aber ein Ess-, ein Wohn- oder ein Musikzimmer könnten sich im Garten schon mal wiederfinden. Dann gibt es so grässliche, wie auch notwendige Objekte, wie zum Beispiel Trampoline, die momentan viele Landschaften dominieren, Rutschen, Schaukeln, Baumhäuser, Schwimmbäder, Fahrradschuppen, Gartenhäuser, Wasserläufe, Sandkisten u.v.m. Und alles will in der Planung untergebracht sein, genau wie im Haus.

Meist hat der Kunde eine klare Vorstellung vom Haus, aber vom Garten eher nicht, und das macht die Planung nicht immer leicht. Der Gartengestalter wird oft erst dazu gerufen, wenn das Haus bereits steht und an Ausgängen und Zufahrten nichts mehr zu verändern ist. Somit umfasst die Gartenplanung dann häufig auch eine Anpassung an die Gegebenheiten und das volle Potenzial des Grundstücks kann nicht mehr ausgeschöpft werden.

.... Es ist meines Erachtens von großem Vorteil für den Bauherrn, wenn Hochbau- und Landschaftsplanung von Anfang an eng und liebevoll zusammenarbeiten, was nicht immer zu funktionieren scheint. ....

Denn nicht nur für die Haustechnik, die Wasseranlagen, die Beleuchtung und andere logistische Elemente ist diese Zusammenarbeit wichtig, sondern vor allem für die Erschaffung einer alles umfassenden Harmonie. Sind Architekt und Landschaftsarchitekt nicht kompatibel, kann es passieren (und das sehe ich häufiger), dass der Bauherr später nur Gast im eigenen Haus und Garten ist, weil es nicht mehr seinen Wünschen entspricht. Um diesem Kampf der freien Geister etwas entgegenzusetzen, arbeite ich seit mehr als 20 Jahren mit dem *Storyboard* – es dient mir als Grundlage bei einer Gartenplanung. Das heißt aber auch, dass sich der zukünftige Gartenbesitzer mit seinem Grundstück und vor allem mit seinen Vorstellungen zum Thema Garten beschäftigen muss. Das Story-oder Moodboard ist eigentlich ein Tool, das ich mir bei den englischen Inneneinrichtern abgeschaut habe, sie erarbeiten solche Bildergeschichten in Form von Kollagen aus Fotos, Stoffen und Tapeten, um dem Kunden die Stimmung eines jeden Zimmers nahezubringen. Ich habe die Idee umgekehrt und erwarte, dass mir meine Bauherren eine Idee davon geben, was das Wort Garten für sie repräsentiert und wie sie sich ....▶

ihren vorstellen. Meine Kritiker behaupten oft, dass die Forderung nach einem Storyboard meiner Fantasielosigkeit zuzuschreiben sei, das mag stimmen, denn ich vermag tatsächlich das Gartenvokabular meiner Bauherren nicht immer richtig zu interpretieren, wohl aber Bilder, die sie mir zeigen. Bevor ich Ende der 1980er-Jahre, während meiner Anfangszeit, die Idee mit dem Storyboard hatte, wurde ich mit vielen für mich unverständlichen, sehr subjektiv ausgedrückten Gartenwünschen konfrontiert, die mir nicht wirklich individuelle Vorstellungen vermittelten. Beliebte Wünsche waren zum Beispiel *ein schöner Garten, ein pflegeleichter Garten, nicht so viele Blumen* oder auch gern *viel Rasen*. Wobei viel Rasen ja leider noch immer gern als Äquivalent für pflegeleicht verstanden wird, was ich allerdings gern widerlege, zumindest wenn man von richtigem Rasen spricht. Ich glaube, damit wird oft nur der Wunsch nach dem Aufsitzrasenmäher kundgetan. Der Engländer steht dem Rasen viel kritischer gegenüber, er hält ihn für „very labour intensive" und spricht dabei wohl von englischem Rasen.

.... Wenig hilfreich für mich sind auch Worte wie romantisch, harmonisch oder ausgeglichen etc., denn auch sie bringen kein Licht in das Wirrwarr von Wünschen. ....

Der eine findet Rasen romantisch, der nächste wiederum Rhododendrenwälder. Mit anderen Worten, es bedurfte eines gemeinsamen Kommunikationswerkzeugs, mithilfe dessen alle Beteiligten vom Gleichen sprechen konnten, bevor ein Gartenplan erstellt wird, und dies ist ein solches Storyboard. Ich brauche es, um eine Vorstellung davon zu bekommen, wohin die Reise gehen soll, und um herauszufinden, wie der Garten zu Ihrem eigenen und nicht zu dem des Gestalters werden kann. Somit ist der Vorentwurf eines Gartens das formgebende Konzept, das vor allem Licht- und Bodenverhältnisse, Kundenwünsche und Notwendigkeiten mit einbezieht. Natürlich gehören dazu auch funktionierende topografische Vorschläge sowie die Erörterung der Umsetzungsfähigkeit der eingebrachten Ideen. Ist dieses Ziel erreicht und dem Kunden gefällt die Aufteilung, wird das Ganze zu einem Entwurf, der dann bereits u.a. konkrete Materialvorschläge und Pflanzungskonzepte beinhaltet. Erst hier bekommen die Pflanzen dann eine sehr wichtige Stellung, denn erst, wenn ich weiß, wo überhaupt Beete, Rasen, Terrassen und Pflanzflächen entstehen sollen, kann ich darüber sprechen, welche Farben und Formen mit welchen Pflanzen kreiert werden können.

Es ist ein wenig wie im Theater, die Gestaltung des Bühnenbilds ist lediglich die Ausgangsbasis für die Akteure und das Theaterstück ist nur im Ensemble perfekt. Stimmt das Bühnenbild, die Schauspieler aber sind schlecht, ist das genau so schade wie umgekehrt und entsprechend verhält es sich im Garten. Nur ist es dort aufgrund der Elemente Jahreszeit und Wachstum leider noch viel komplizierter. Wachstum ist allerdings nicht immer selbstverständlich, denn wie viele Gartenbesitzer wissen, muss eine Pflanze, nur weil man sie liebevoll eingepflanzt hat, nicht unbedingt wachsen. Umgekehrt kann es dann auch passieren, dass das Gepflanzte viel größer wird als man möchte oder geahnt hat, und dann darf man es plötzlich nicht einmal mehr entfernen. Lauter Zustände, die in der Architektur nicht vorkommen können, denn Häuser wachsen nicht unangekündigt, sie wechseln auch selten ihre Farbe von allein oder verlieren im Winter ihren Charme. Überhaupt kann man sagen, dass Gärten am Tag ihrer Fertigstellung am schlechtesten aussehen, während sich dies bei Häusern meist genau umgekehrt verhält.

Ob ein Gartenplaner gut mit den Jahreszeiten und den Pflanzgrößen in der Pflanzplanung umgegangen ist, weiß man oft leider erst in .....▸

den darauffolgenden Jahren. Weshalb sich wahrscheinlich auch viele Menschen dazu entschließen, möglichst viel Rasen anzupflanzen. Viele Grundstücksbesitzer fühlen sich im Moment der Vorlage des Pflanzplans, der mit Hunderten von lateinischen Namen gespickt ist, sehr überfordert. Oft sehe ich auch in überfragte Gesichter, wenn es um Mengen und Pflanzgrößen geht.

Gerade deshalb ist es so wichtig, sich vor der Wahl des Planers zu informieren, ob einem die Gestaltung seiner bereits abgeschlossenen Projekte gefällt. Wer kaum Wert auf herausragende Bepflanzungsplanung legt und sich auf die *Möglichst-viel-Rasen-Variante* verlegt hat, braucht nicht ganz so intensiv zu suchen; allen anderen empfehle ich es doch sehr. Denn leider ist ein guter, ausgeglichener Pflanzplan, der während aller Jahreszeiten Herz und Seele erfreut und sich über die Jahre gezielt entwickelt, noch keine Selbstverständlichkeit.

Aber der Pflanzplan kommt auch erst ganz am Schluss und gehört zur Ausführungsplanung. Für die Vorplanung, also das Konzept, finde ich auch die skizzenhafte Darstellung der wichtigsten Blicke zum Haus und vom Haus in den Garten entscheidend. Daher sollten Sie auch darauf achten, dass solche Ansichten in der Vorplanung enthalten sind, denn viele Grundstücksbesitzer können sich den Garten allein anhand des Plans nicht vorstellen.

Wenn Sie also möchten, dass ein Gartenplaner Ihren und nicht seinen Garten gestaltet, suchen Sie ihn passend zu Ihrem Haus und entsprechend Ihrer Wünsche aus und geben Sie ihm ein Bild davon, wie Sie sich Ihr Paradies vorstellen. Ein guter Gestalter wird Ihnen das übrigens nicht übelnehmen, und ich nur dann, wenn Gartenzwerge, zu viel Rasen oder Kriechwachholder darin vorkommen.

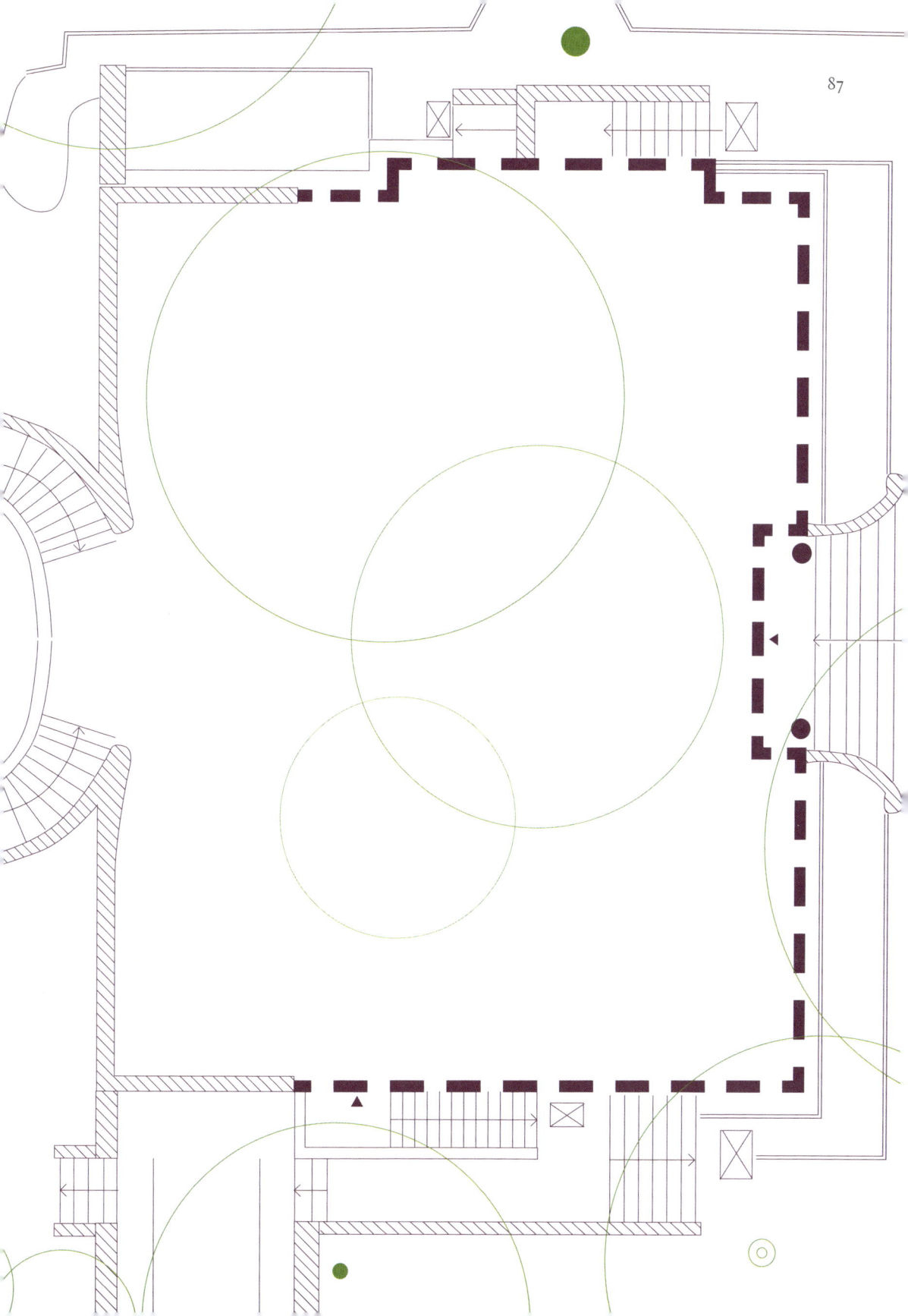

Der Pflanzplan – oder „es wird durchgeblüht"

▶............ NICHTS WIRD BEI DER GARTENGESTALTUNG so häufig unterschätzt wie der Pflanzplan. Zugegeben, auf den ersten Blick könnte man ohne Weiteres denken, dass man das Füllen von Beeten und Rabatten durchaus auch selbst hinbekommt. Doch der Schein trügt, denn dem ungeschulten Gartenfreund fällt es sehr schwer, außerhalb der jeweils herrschenden Jahreszeit zu denken. Damit meine ich, dass der Laie sich bei seiner Pflanzenauswahl oft zu sehr an dem Moment einer jeden Saison ausrichtet. Im Spätsommer ist zum Beispiel so ein typischer Moment, wo sich die Gartenbesitzer geradezu um alles reißen, was eine Herbstfärbung hat. Oft wird dabei völlig außer Acht gelassen, ob dieses Gehölz auch schön blüht und vor allem wann, oder welcher Standort dafür gut wäre. Es ist nur allzu leicht, in die Saisonfalle zu tappen. Wer kennt nicht diese intensiven Frühjahrsbesuche im Gartencenter, man gönnt sich ja sonst nichts und packt mal das ganze Auto mit fröhlich blühendem Zeugs voll – halb Gehölze, halb Stauden –, die dann zu Hause nach Lust und Laune in die Beete verteilt werden. Nur leider erfährt man schon gleich während des Verteilens im Garten, dass die Anzahl der Pflanzen, die eben noch im Kofferraum eine beachtliche Menge schien, nun, so verteilt im Garten, fast gänzlich verschwunden ist. Und nicht nur das, denn spätestens zwei Wochen nach dem emotionalen Kaufrausch scheint alles, was dort im Gartenfachhandel noch so herrlich blühte, bereits seine Blütenpracht beendet zu haben und wirkt jetzt als Blätterbusch ganz anders. Fast könnte man sich fragen, ob es sich überhaupt um ein und dieselbe Pflanze handelt. Das Schlimmste, was dann noch eintreten kann, ist, dass die so emotionsvoll platzierte Pflanze an dem ihr zugedachten Platz gar nicht sein möchte und stirbt. Solche Erlebnisse sind entmutigend und verleihen meiner Profession einen schlechten Ruf, denn schuld ist schließlich nicht der Käufer der Pflanze, sondern die Pflanze selbst, oder besser noch der Verkäufer, denn er hätte sich doch mal bei mir erkundigen können, wie mein

Garten überhaupt beschaffen ist, ob dort Schatten herrscht, wie der Boden sich zusammensetzt usw. Doch in Wahrheit hätte man sich von der Pflanze, die für diese Location geeignet gewesen wäre, gar nicht zum Kauf hinreißen lassen; wer will schon akzeptieren, dass die Blume der Begierde nicht für seinen Garten taugt? Wie oft führe ich Kunden von den bunten Blumentischen weg zu den Verkaufstischen für Schattenpflanzen, weil sie fragen, ob diese für schlechten Boden und Schatten geeignet seien. Ihre Enttäuschung beim Anblick der Schattenstauden ist herzzerreißend. Später sieht man sie dann doch an der Kasse mit einem Wagen voller Sonnenanbeter, die für ihren Garten zwar völlig ungeeignet sind, meinem Umsatz dafür guttun. Langer Rede kurzer Sinn, wer nicht jahrzehntelang entmutigende Gartenbilder erleben möchte, sollte sich einen Pflanzplan gönnen, und dies ist auf Dauer kein Luxus, sondern eine echte Sparmaßnahme.

.... Eine gute Pflanzplanung besteht nicht nur aus einer Ansammlung von Stauden und Gehölzen, die harmonisch zusammenleben, sondern er bietet auch Blühfreuden während des ganzen Jahres. ....

Es ist in der Tat eine Kunst, im Garten das Gefühl zu vermitteln, das immer und überall etwas los ist. Damit meine ich, dass es durchaus auch in unseren Breiten möglich ist, einen Garten so anzulegen, dass er pausenlos blüht oder Farbe in Form von Herbstfärbung bietet. Doch dafür braucht man, wie bei einer guten Oper, eine Choreografie. Es gibt kleine Blumen, die ganz groß rauskommen, wenn man sie nur gut positioniert. Es gibt Pflanzen, die mehrfach blühen und sich gut in den Mittelgrund fügen, und es gibt dicke Diven, die viel Platz brauchen und nur kurz auftreten. Um sie alle an die richtige Stelle zu pflanzen, benötigt man eben einen Dirigenten. Und genau hier liegt das Problem, denn es gibt leider in der Pflanzenwelt nicht mehr so richtig viele gute Pflanzenchoreografen. Ein paar gibt es aber doch, und wenn Sie einen gefunden haben, lassen Sie ihn bitte nicht mehr los.

Das Paradies vor der eigenen Haustür

▶............... ALLEIN DAS WORT VORGARTEN versetzt mir hierzulande meist einen kleinen Schock, weil mir dazu auf Anhieb nur drei Schlagworte einfallen: Rasen, Carport, Kriechwachholder. Zugegeben, hier und da gibt es einen Lichtblick und nett bepflanzte Vorgärten, aber en gros vernachlässigen wir diesen Gartenbereich doch sehr. Wenn ich Gartenbesitzer frage, warum sie den Vorgarten so stiefmütterlich behandeln, heißt es, er sei ja nicht so wichtig und solle nur ordentlich aussehen, damit vorbeigehende Passanten nichts Falsches über einen dächten, der schöne Garten sei ja hinter dem Haus. Da bin ich ganz anderer Meinung: Was interessieren mich die Nachbarn oder die Gedanken völlig fremder Passanten über meinen Garten? Schließlich gehe ich doch tageintagaus hindurch. Und wenn man einmal bedenkt, dass man zwölf Monate im Jahr täglich mindestens vier- bis fünfmal durch den Vorgarten geht, sind es im Schnitt, abzüglich der Urlaubszeit, 1500 Male. Da sollte der Vorgarten doch etwas mehr Aufmerksamkeit verdienen. Kurzum, es muss sich etwas ändern, vor allem die Einstellung.

.... Vita Sackville-West, die Besitzerin von Sissinghurst, sagte einmal, dass der Vorgarten die Aufgabe habe, einen morgens mutig ins Leben zu entlassen und abends wieder liebevoll zu empfangen. ....

Mit dieser Betrachtungsweise bitte ich Sie, Ihren eigenen Vorgarten noch einmal zu begutachten und ehrlich mit sich zu sein. Da könnte man noch dran arbeiten, oder?
Viele Vorgärten sind recht klein und nach Norden ausgerichtet, damit sich der Hauptgarten gen Sonne richtet, wodurch man Rasen schon mal gleich ausschließen sollte. Rasen hat in einem schattigen Vorgarten nichts zu suchen, denn er wird zur lästigen freitäglichen Rasenmähaufgabe und nie so aussehen, wie man es sich wünscht.

Also: Rasen raus, Gehölze, Zwiebelpflanzen und vor allem bodendeckende Stauden rein. Nichts ist wichtiger und vor allem zeitsparender, als ein gut und dicht bepflanzter Vorgarten, den muss man nämlich auch nicht jede Woche mähen. Ich empfehle, vor allem für schattige Vorgärten, eine Basisbepflanzung mit Gruppen von 'Annabelle'-Hortensien, Rispenhortensien, duftenden Schneebällen für das Frühjahr und Gruppen von, zur Kugel oder zum Quadrat geschnittenen, immergrünen Pflanzen, wie Eibe, Ilex oder Liguster. Dazwischen dann ein paar schöne hochwachsende Pfeifengräser, wie *Molinia caerulea* 'Karl Foerster', 'Windspiel' oder 'Transparent' und dann wird das Ganze dicht mit einem schattenverträglichen Storchschnabel oder der Elfenblume unterpflanzt. Ich empfehle gern den immergrün bleibenden Balkan-Storchschnabel *(Geranium macrorrhizum* 'Czakor'), da er dichte, von Mai bis Juli blühende Teppiche mit aromatischem Laub bildet, die keinen Unkrautwuchs mehr zulassen. Auch habe ich festgestellt, dass die Aromen der Blätter viele Schädlinge von den Rosen fernhalten, die allerdings nur für sonnige Vorgärten geeignet sind. Es empfiehlt sich beim Pflanzen, großzügig etwa acht bis zehn Pflanzen pro Quadratmeter zu setzen, damit Unkraut gar nicht erst aufkommen kann. Wer Probleme mit Giersch hat, sollte als bodendeckende Staude lieber die Elfenblume *(Epimedium perralderianum)* nehmen, sie setzt sich besser gegen Giersch durch. Allerdings ist sie nicht als Waffe dagegen zu verstehen, der Giersch muss vor der Pflanzung der Elfenblume entfernt werden. Auch diese Staude muss unbedingt dicht gepflanzt werden, damit Sie Ihre Ruhe vor Unkraut haben.

Und nicht vergessen: Im Herbst ordentlich viele kleine, zauberhafte Zwiebeln setzen, die Sie dann an jedem trüben Februar- oder Märzmorgen beglücken, denn gerade das ist ihre Aufgabe im Vorgarten, wo man täglich an ihnen vorbeigeht, um ihre Kraft mit in den Alltag zu nehmen.

Von Räumen und Plätzen im Garten

▶............... ES KOMMT JA IN VIELEN BERUFSSPARTEN VOR, dass die Menschen aneinander vorbeireden, doch selten so oft wie in der Gartengestaltung. Das beginnt meist schon damit, dass Grundstücksbesitzer ihr Stückchen Land als Garten bezeichnen, obwohl sich noch gar nichts darauf oder darin befindet. Und so ist es gar nicht abwegig, dass auch alle anderen Worte schnell zu einem Missverständnis führen. Mit Räumen im Garten meine ich nicht eine Anhäufung von mehreren gut platzierten Garten- und Geräteschuppen für mehr oder weniger wichtige Gerätschaften. Gartenräume sind für mich aus Pflanzen geschaffene grüne Bereiche unterschiedlicher Atmosphären, die dazu beitragen, den Garten größer erscheinen zu lassen. Es ist nämlich leider ein absoluter Trugschluss zu glauben, dass eine große Fläche Rasen das kleine Fleckchen Erde größer wirken lässt. Man sollte versuchen, den Garten erlebbar zu machen, ihn wie das Interieur eines Hauses zu gestalten, dass man darin immer wieder Neues erleben kann. Im Garten sind damit nicht nur Gartenräume, sondern auch die Jahreszeiten als Räumlichkeit gemeint. Bei einer Rasenfläche, bei der nur die Ränder bepflanzt sind, ist das saisonale Erlebnis dann doch etwas eingeschränkt.

.... Es lohnt sich, ein wenig Mut zu haben und zum Beispiel die Terrasse von zwei Seiten mit Beeten einzufassen, sodass man sich im ersten und wichtigsten Gartenraum, der Terrasse, geborgen fühlt. ....

Geborgenheit ist der beste Schutz nach nebenan. Natürlich sollte noch ein Zugang zum Rasen bleiben, das ist wichtig, um den nächsten Gartenraum erleben zu können, denn auch der Rasen wird erst so zum Erlebnis. Sitzt eine Terrasse, nackt und ohne Rahmung im oder am Rasen, sieht das zwar in Magazinen schick und großzügig aus, ist aber in Wirklichkeit unglaublich ungemütlich. Das liegt häufig daran, dass die Gärten in den Magazinen so um die 2000-3000 Quadratmeter groß sind und nicht 300-400 wie ein normaler Hausgarten. Je kleiner ein Garten ist, desto mehr profitiert er von der oben angesprochenen Raumaufteilung.

Viele Grundstücksbesitzer glauben nicht, dass sie noch andere Sitzplätze als eine Terrasse am Haus brauchen, zumal in kleinen Gärten dafür kein Platz ist, und sie obendrein keinerlei Nutzen zu haben scheinen. Spätestens beim Thema Nutzen würde der Engländer gänzlich widersprechen, denn für ihn sind Sitzplätze Einladungen für die Seele. Sie gehören zum Gartenbild, nicht weil sie in erster Linie einen echten Zweck erfüllen, sondern weil sie schön anzusehen sind. Ein leerer Garten ist wie ein leeres Haus, unbewohnt und traurig. Ausschlaggebend bei der Planung eines Gartensitzplätzchens ist der Sonnenstand. Sind Sie ein Morgenmensch und frühstücken gern im Garten, empfiehlt es sich, ein Plätzchen in der Morgensonne zu finden, während der Abendtyp, dem wie mir morgens die Ruhe fehlt, einen Platz braucht, wo noch die letzte Abendsonne hinkommt. Diese beiden Gestaltungselemente, Gartenzimmer und -plätze, bilden mit anderen Elementen wie Bäumen, Skulpturen und Kunstwerken die Basis für die Erschaffung von Achsen. Jeder noch so kleine Garten weist Achsen auf. Ein rechteckiger oder quadratischer Garten hat immer vier symmetrische oder asymmetrische Achsen. Neue Achsen zu kreieren, ist ganz einfach, denn es geht dabei darum, das Auge zu lenken oder abzulenken. Um von einem unansehnlichen Gebäude auf der linken Seite am Ende meines Gartens abzulenken, platziere ich auf der rechten Seite ein schönes Gartenelement, einen Sitzplatz oder eine Skulptur, und leite den Blick von der Terrasse aus zum Schönen hinüber. Wer versucht, lediglich das Hässliche zu verstecken, wird meist kläglich scheitern und weiterhin die Verschlimmbesserung wahrnehmen. Im Garten sind Achsen frei gelassene Blicke, auch Einladungen zur Imagination oder Anziehungspunkte. Man kann auch eine Achse zum Nachbargarten kreieren, wenn dort etwas Schönes wie ein Baum oder ein schönes Gebäude steht. Der Engländer spricht dann von „Borrowed View", dem geborgten Blick.

Über Wege zum Haus und im Garten

▶............ ÜBER VORGÄRTEN HABE ICH SCHON GESCHRIEBEN, nicht aber über die darin liegenden Wege, was ich – beginnend mit dem Weg im Vorgarten – nachholen möchte. Es ist eine viel vergessene Tatsache, dass der Vorgarten der meist durchquerte Raum bzw. Korridor des Grundstücks ist, und daher sollte man den Belag besonders vorsichtig und liebevoll aussuchen. Auf diesem Weg verlassen Sie mindestens 365 Mal im Jahr das Haus, und zusammen mit dem restlichen Vorgarten übernimmt auch er die wichtige Aufgabe, Ihnen Mut und Kraft für den Tag mitzugeben. Das bedeutet, hier sollten Sie nicht einfach nur ein paar Betonplatten hinlegen, sondern vielleicht einen schönen Stein mit einem hübschen Muster, oder, wenn das Geld nicht reicht, ein günstigeres Pflaster, wie zum Beispiel Betonklinker mit den Maßen 20 × 10 cm, allerdings dann in einem attraktiven Korbmuster mit Randeinfassung verlegt. Der große Vorteil im Vorgarten ist, dass es sich bei den meisten Wegen um recht kurze Strecken handelt und daher wäre es häufiger möglich, hier einen Natur- oder einen Naturmosaikstein zu verlegen, anstatt nackter Betonplatten. Allerdings können bei modernen Häusern großformatige Betonplatten durchaus sehr gut aussehen, dies sollte individuell entschieden werden.
Schauen Sie sich in der Nachbarschaft um und finden Sie heraus, ob es einen Stein gibt, der besonders gut in die Gegend passt. Hier hilft ein Blick in die Vorgärten alter Gebäude, denn früher wurde in Gärten fast ausschließlich mit regionalen Materialien gebaut und nur sehr selten kamen sie aus fernen Ländern.

.... Ich halte es übrigens keinesfalls für einen Designfehler, wenn für den Vorgarten ein anderes Material verwendet wird als für die Terrasse im hinteren Garten. Ein wenig wird der Stil auch vom Haus vorgegeben. ....

In modernen Häusern, deren Bodenbeläge in allen Räumen aus dem gleichen Material bestehen, sollte diese Bauweise im Garten auch konsequent fortgesetzt werden. Wenn Sie aber in der Küche Fliesen, im Flur Dielen und im Esszimmer Parkett haben, dann können sie diese Theorie auch in den Garten übertragen, denn auch dort handelt es sich um Räumlichkeiten mit unterschiedlichen Aufgaben. Während der Vorgarten in den meisten Fällen reiner Durchgangsraum ist, eigentlich wie der Flur im Haus, ist der hintere Garten eher mit dem Ess- oder Wohnzimmer zu vergleichen. Die Bereiche links und rechts vom Haus sind meist schmal und erscheinen eher klein und unnütz, und dienen deshalb auch oft nur als Durchgang zum Hauptgarten. Ob man in den hinteren Hauptgarten überhaupt einen Weg legen sollte, ist eine gute und wichtige Frage, denn viele Gärten, vor allem kleinere mit viel Rasen, werden oft durch einen richtigen Weg eher zerteilt. Früher wurde gern direkt durch die Mitte des Gartens ein Weg gelegt, um auf kürzestem Weg zum Kompost zu kommen. Das gilt heute nicht mehr als besonders sexy, da man den Garten nicht kleiner, sondern eher größer erscheinen lassen möchte. Ich bezweifle vor allem, dass es gut ist, Wege durch den hinteren Garten zu pflastern oder mit Platten zu belegen, da man dort eher ein natürliches Gartenerlebnis erfahren möchte. Daher bevorzuge ich hier Rasenwege oder einen Promenadengrand, auch wassergebundene Decke oder Tiergartendecke genannt. Es handelt sich um ein feines Aggregat mit einer Körnung von 0-5 mm, das eine bindende Menge an Lehm beinhaltet, damit die Fläche fest und hart und somit gut begehbar wird. Es gibt dieses Material in unterschiedlichen Farben. Für den Vorgarten ist es gar nicht geeignet, da die feinen scharfen Sandkörner leicht ins Haus getragen werden und dort den Belag zerstören. Im hinteren Garten tritt dieses Problem nicht auf, da sich die Körner über den Terrassenbelag bis zur Gartentür ablaufen.

Terrassenbeläge aus Stein

▸............... WEITER GEHT ES MIT DEM THEMA TERRASSENBELÄGE aus Stein und Beton. Ich halte es für schlau, wenn man die Beläge in Abhängigkeit von der Orientierung der Terrasse wählt.
Je schattiger eine Terrasse ist, umso widerstandsfähiger sollte der Stein gegen die Tücken des Schattens sein. Somit fallen vor allem helle Sandsteine und Travertine oft weg. Ich weiß, dass sich viele von Ihnen, vor allem gerade jetzt im Urlaub, in die schönen Travertinterrassen an der Italienischen Riviera verliebt haben, aber dort scheint die Sonne einfach länger als bei uns. Italienischer Travertin ist zwar ein sehr winterfester Kalkstein, sollte aber durch seine Grobporigkeit nur für Sonnenterrassen verwandt werden. Im Schatten werden Sandstein und Travertin in allerkürzester Zeit zuerst veralgen und dann vermoosen und damit lebensgefährlich glatt. Die einzige Abhilfe wäre, dass Sie monatlich mit einem Hochdruckreiniger über die Flächen herfallen, aber das wiederum wäre der sichere Tod des schönen Steins. Daher eignen sich für eine verschattete Terrasse mit Naturstein aus meiner Erfahrung am besten Granit oder Muschelkalk. Bei beiden Optionen gibt es sehr große Qualitäts- und Farbunterschiede. Wenn Ihnen neuer Granit zu hell und klinisch wirkt, sollten Sie sich einmal nach gebrauchtem Material umsehen.

.... *Vor allem bei Kleinstein- oder Kopfsteinpflaster macht sich gebrauchter Granit sehr gut, da er schon eine sanfte Patina hat, auf die man bei neuem Granit gut und gerne fünf bis sechs Jahre warten muss.* ....

Wer sich gänzlich vor grauem Granit gruselt, der sollte sich einen Masur zeigen lassen. Der Masur ist ein sandfarbener Granit aus Polen, der sich besonders gut für die Anmutung von mediterranen

Gärten eignet. In Segmentbögen verlegt, ist er eine echte Show, bei Vollschatten kann auch er leicht vergrünen.
Hierbei sei darauf hingewiesen, dass ganz helle Steinplatten die Sonne reflektieren und eine Terrasse in unseren Gefilden sehr grell machen. Dadurch dominiert die Terrasse den Garten, was aus meiner Sicht selten gewünscht ist. Denn die Terrasse soll sich als Mediator eigentlich zwischen Haus und Garten eingliedern. Muschelkalk oder Grauwacke wäre für sonnige Terrassen aus meiner Sicht eine schönere, lichtabsorbierende, erdigere Alternative, wenn es um Naturstein geht. Vor allem der Muschelkalk ist nicht so wetterfühlig und rutschfester. Außerdem absorbiert er auch ohne Probleme einen Öl-oder Rotweinfleck.
Sandstein und Travertin sind dagegen geradezu Fleckendiven. Am durabelsten ist, ob man es glaubt oder nicht, der Beton, wie an den unverwüstlichen Waschbetonplatten zu sehen ist. Es gibt aber mittlerweile sehr akzeptable, Natursteinen nachempfundene Terrassenplatten aus Beton, die sich für schattige und sonnige Terrassen eignen. Nicht zu vergeben sind dagegen Terrassen aus Betonpflastersteinen, denn sie sehen auch bei schönstem Muster aus wie „Betonpflasterstein" – Sie wissen was ich meine.
Dann bleiben noch schöne Backsteinklinker, die man vor allem in Norddeutschland gern verwendet, weil sie sehr gut zu den Gebäuden passen. Auch hier sei im Schatten Vorsicht geboten, da veralgter Klinker zur Rutschfalle werden kann.
Kleiner Tipp: Bei Klinker nach zweiter Wahl fragen, die wirken verlegt nicht so steril.
Von den weitgereisten, exotischen Platten aus China und Indien möchte ich hier Abstand nehmen. Wir sollten aus vielerlei Gründen die Finger davon lassen. Denn warum Dinge importieren, die wir in Europa in rauen Mengen selber haben?

Holzterrassen und Decks

▸............ DAS ANGEBOT AN TERRASSENBELÄGEN ist mittlerweile so groß, dass es den meisten Gartenbesitzern immer schwerer fällt, den richtigen für sich herauszufinden. Besonders erweitert hat sich das Sortiment von Steinplatten und Hölzern aus weit entfernten Ländern. Da ich grundsätzlich nur Materialien aus Europa für Gärten empfehle, reduziert sich die Auswahl schon drastisch, ist aber immer noch groß genug. Meine Überzeugung, keine Tropenhölzer zu benutzen, ist nicht nur darin begründet, dass ich den Zertifikaten der Holzlieferanten nicht traue, sondern auch, dass ich den 6000 bis 7000 Kilometer langen Transport dieser Hölzer für reinen Irrsinn halte, wo wir doch eigene Lösungen haben.
Es gibt genügend einheimische Hölzer für Terrassendecks, die durchaus mit der Haltbarkeit von weitgereisten Tropenhölzern, wie Bongossi, Teak und Bangkirai, mithalten können. Seit einigen Jahren verwenden wir sehr erfolgreich splitterfreies Deckmaterial aus Thermoesche oder -eiche, wobei Eiche etwas kostspieliger ist. Die Thermoesche ist ein hitzebehandeltes Material, dessen ursprüngliche Lebensdauer von fünf bis sechs Jahren durch einen Hitzeprozess um etwa das Vierfache erhöht wird. Die hellen Lärchenhölzer, die zurzeit noch gern verlegt werden, haben dagegen unbehandelt auch nur eine Lebenserwartung von fünf bis sechs Jahren. Hier empfiehlt sich unbedingt eine Behandlung des Holzes mit Öl oder Anstrich, um die Lebensdauer zu verlängern. Thermohölzer haben bei Lieferung bereits eine recht schöne dunkle Farbe, die über die Jahre, genau wie bei Tropenhölzern, in Grau übergeht. Seit Jahren werden Terrassenhölzer mit schrecklich geriffelter Oberfläche verkauft, um angeblich die Rutschfestigkeit bei Nässe zu erhöhen, was ich infrage stelle. Meine Erfahrung ist vielmehr, dass man darauf lediglich besonders zielsicher nach links und rechts wegrutscht. Optisch erfüllen diese

geriffelten Hölzer auch meine ästhetischen Kriterien nicht so wie glatte Bretter, die einem Holzdeck sehr viel mehr Eleganz verleihen. Außerdem bin ich der Meinung, dass geriffelte Hölzer schneller vergammeln, weil das Wasser in den Rillen langsamer abtrocknet als auf glatten Brettern. Rutschig wird das Holzdeck besonders an schattigen und halbschattigen Plätzen, sodass man dort öfter mal zum Schrubber greifen muss, um Algen und Flechten zu entfernen. Wer eine pflegeleichte Terrasse möchte, sollte für Schattenbereiche Granit, Muschelkalk oder Beton wählen.

.... *Ein Hochdruckreiniger trägt nicht zur Langlebigkeit eines Holzdecks bei, denn er öffnet die Holzporen und macht das Holz wetterfühliger, sodass es schneller verrottet.* ....

Das Holz sollte unbedingt in einer Stärke von 2,3–2,5 cm verlegt werden, da sich dünnere Hölzer beim Betreten mit Absatzschuhen wie Plastikplatten oder Laminat anhören. Apropos Plastik, es gibt mittlerweile zum Beispiel auch Plastikdecks aus recycelten Autoreifen, die allerdings bei praller Sonneneinstrahlung so heiß werden, dass man sie barfuß nicht mehr betreten kann.
Hier noch ein Tipp: Überlegen Sie sich gut, ob Sie die Bretter mit unsichtbaren Klammern oder doch lieber durch traditionelle Verschraubung einbauen wollen, denn wenn Ihnen bei der sogenannten unsichtbaren Verlegung mit Klammern mal ein Ring unters Deck fällt, muss die ganze Terrasse aufgenommen werden und nicht nur ein Brett. Ich probiere auf meiner eigenen Terrasse gerade ein Material aus, das aus Monterey-Kiefern produziert wird und recht neu auf dem Markt ist. Es heißt Kebony und ist ein mit Ethylalkohl behandeltes Holz, das in Skandinavien hergestellt wird. Es hat eine sehr schöne Farbe und ist angeblich sehr langlebig; ich bin gespannt, aber da die Skandinavier viel Erfahrung mit Holz haben, bin ich zuversichtlich.

Hecken und Zäune
als Einfassung oder Raumteilung

▸............... AUF DIE IDEE, ÜBER HECKEN UND ZÄUNE zu schreiben, hat mich ein Jägerzaun in der Nachbarschaft gebracht, dessen Besitzer den grandiosen Einfall hatte, diesen zur Straße hin weiß und innenliegend rot-grün-weiß zu streichen, was darauf zurückzuführen ist, dass er Italiener ist. Allerdings kann ich dazu ganz klar Stellung nehmen und sagen, dass die Bemalung weder innen noch außen zum Charme des Zauns beiträgt, noch vom intensiven Muster ablenkt, ganz im Gegenteil. Mit anderen Worten, der Jägerzaun ist out.
Wer einen einfachen Zaun und dabei nicht auf seine Herkunft oder auf sein Haus hinweisen möchte, sollte sich ganz einfach für einen schwarzen oder anthrazitfarbenen Maschendrahtzaun entschließen. Hier liegt die Betonung auf schwarz, denn leider wird gern immer noch im ganzen Land darauf bestanden, dass es den nur in diesem tollen Grünton gibt, der durch die gesamte Nachbarschaft leuchtet. Das stimmt nicht, denn seit etwa 21 Jahren kämpfe ich gegen den Verkauf von grünem Maschendraht, und immer wieder höre ich „den jibts nich". Mein Gebet scheint erhört worden zu sein, denn mittlerweile gibt es Webseiten, die schwarzen Maschendraht als besonders edle Variante verkaufen. Sag ich doch.

.... Schwarz ist eine Farbe, die in der Natur sehr häufig vorkommt und sich wunderbar in die Landschaft einbindet, was einem grünen Zaun nie gelingen wird. ....

Wer plant, von der Innenseite des Grundstücks noch eine Hecke vor den Zaun zu setzen, sollte an gar kein anderes Material zur Einzäunung denken. Wenn vor dem Haus eine edlere Variante des Zaungitters mit Sockelmauer gewünscht wird, sollte dies gut überlegt sein, denn wenn dahinter noch eine Hecke gepflanzt wird, geht der edle Zaun leicht unter. Was nicht heißen soll, dass ich mich nicht für diese edle Variante entscheiden würde. Ich merke es lediglich an, weil es für einige auch eine Kostenfrage sein kann, denn ein Zaun mit Sockelmauer kann schon ein bis zwei Nullen mehr vor dem Komma kosten als der Maschendraht.

Eine Hecke hat natürlich den Vorteil, dass sie den Vorgarten und auch den hinteren Garten zum Nachbarn blickdicht macht, es sei denn die Hecke wirft im Herbst die Blätter ab, wie es zum Beispiel bei vielen Naturhecken mit Weißdorn, Rotdorn, Rosen, Schlehen und Feldahorn passiert. Auch meine so heißgeliebten Kornelkirschen werfen im Winter die Blätter ab. Wer es nicht blickdicht braucht, sollte vielleicht einmal überlegen, eine Hartriegelhecke zu pflanzen, die im Sommer dicht belaubt ist und im Winter ihre bunten Rinden zeigt, deren Farbspektrum von Feuerrot über Orange bis hin zum Knallgrün reicht. Wer es aber, und das werden die meisten sein, blickdicht haben möchte, wird sich für immergrüne Hecken interessieren. Irgendwie hat sich leider über die Jahre das Vorurteil den Eiben gegenüber aufgebaut, sie seien Friedhofspflanzen und außerdem sehr giftig. Beides kann ich nicht bestreiten, dennoch sind sie aus Sicht der Fachfrau die schnittfähigsten und dichtesten immergrünen Hecken in unserer Klimazone. Wenn die Eibe einmal zu hoch oder zu breit wird, kann ich sie einfach auf die gewünschte Höhe und Breite schneiden, es macht ihr nichts aus. Versuchen Sie das Gleiche einmal mit den so teuflischen Thujahecken, die nehmen Ihnen einen starken Rückschnitt sehr übel, was übrigens der Grund dafür ist, warum es so viele völlig außer Kontrolle geratenen Thujahecken gibt.

Mein absoluter Favorit ist nach wie vor die Rotbuche, gern auch verwechselt mit der Blutbuche, die dunkles Laub trägt, die meine ich nicht. Ich meine die Rotbuche, die ihr Laub im Winter behält und im Herbst eine hinreißende Gelborangefärbung zeigt. Zusammen mit einem schwarzen Maschendraht ist diese Hecke eine bezaubernde Grundstücksbegrenzung zu jeder Jahreszeit.

Rankhilfen

▸............ WER PFLANZEN KENNT, weiß, dass sie fast nie tun, was man von ihnen erwartet. Dies gilt besonders für Kletterpflanzen. Wer hat nicht schon einmal eine aufwendige Rankhilfe in Form von Holzspalier oder Stahlseil gekauft, um kurz darauf festzustellen, dass der frisch gepflanzte Kletterer keinerlei Anstalten macht, daran hochzuwachsen. Es ist ein bisschen wie der Versuch, Kindern zu sagen, mit wem sie spielen sollen. Nun darf ich als Fachfrau auch ein wenig Kritik an Kletterpflanzenbesitzern üben, denn meist werden Rankhilfen nur nach der Optik gekauft und nicht auf die Pflanze abgestimmt. So gefällt es zum Beispiel nur den wenigsten schönen Clematis-Sorten, an Rankhilfen hochzuwachsen, bis auf die *Clematis-montana*-Sorten, die praktisch an allem hochwuchern. In meinem im Mai neu bepflanzten Garten hat sich die *C. montana* 'Alba' sogar der Regenrinne am Balkonpfosten bedient und ist bereits beim Mieter im dritten Stock angekommen. Es gilt also: Den Typus der Rankhilfe bestimmt die Pflanze, er sollte daher unbedingt erst nach dem Kauf der Pflanze ausgesucht werden. Der perfekte Kompagnon einer glücklichen Clematis ist eine Kletter- oder Ramblerrose. Diese zwei Gespielen können sogar ins gleiche Pflanzloch, ohne dass sie einander stören. Die Clematis kann ganz ihrem Charakter entsprechend mal nach links, nach rechts oder nach oben wachsen und findet überall Halt. Hier gilt es vor allem, der Rose am Haus Halt zu geben. Wem der Stil der Halterung wichtig ist, sollte sehr darauf achten, in welcher Richtung die Rankhilfe angebracht wird. Eine weit verbreitete Architektenidee ist, an modernen Häusern vertikal zur Bodenebene ein dickes, dickes Stahlseil bis unter das Dach zu ziehen, an dem fast alle Kletterer scheitern. Ich sehe regelmäßig unglückliche Kletterer am Fuß solcher Seile sitzen, weil sie keinen Halt finden. Dazu gehören Blauregen, Wilder Wein oder auch die Pfeifenwinde. All diese Kletterer wären viel schneller an der Rankvorrichtung hochgewachsen, wenn die Seile Horizontalverstrebungen hätten, an denen die Kletterpflanzen sich festhalten können. Sie rutschen nämlich beim kleinsten Wind wieder von den Seilen ab. Deshalb ist bei schmalen Mauervorsprüngen wichtig, zwei vertikale Seile zu spannen und diese in Abständen von 30–40 cm mit einer Horizontalverspannung zu verbinden. Weniger aufwendig ist, ein Gitter aus Edelstahl oder verzinktem Stahl, ähnlich einem Armiereisen, an die Wand zu schrauben. Das sieht zwar am Anfang ein wenig wie eine kleine Leiter und nicht ganz so schick aus, ist aber innerhalb kurzer Zeit begrünt und dann überhaupt nicht mehr wahrzunehmen.

Glyzinen oder Blauregen sollten nicht an die Regenrinne gepflanzt werden, sonst hält schnellstens die Glyzine die Rinne und nicht umgekehrt.

Kletter- oder Ramblerrosen wachsen am liebsten an horizontal gezogenen Drähten oder an Trellis, im Deutschen als Rankgitter bezeichnet. Welche Materialien man verwenden sollte, hängt meines Erachtens auch mit dem Baustil zusammen. Ich befestige zum Beispiel an einem Backsteingebäude gern schlanke Drahtseile entlang der Fugenlinie in Abständen von jeweils 30 cm. An verputzte Fassaden von alten Gebäuden passt oft ein Holztrellis sehr schön, doch sollten dazu auch dafür geeignete Pflanzen gewählt werden, wie Rosen, echter Wein, Jasmin oder Passionsblumen.
Efeu, Kletterhortensien, einige Trompetenblumen und der Kletterspindelstrauch sind zum Beispiel Selbstklimmer mit Haftwurzeln, die überhaupt keine Rankhilfe benötigen. Sie sind allerdings nichts für Ordnungsfans und Sauberkeitsfanatiker, da sie gern beim Versuch, sie zu entfernen, ihre kleinen Füßchen an den Fassaden hinterlassen. Am besten verkauft man das Haus, wenn die Fassade romantisch zugewachsen ist. So habe ich es England gemacht.

Wasser im Garten

▸............ WASSER IM GARTEN ist immer besser als Wasser im Haus, und das ist auch der einzige Vorteil, denn der kleine romantische Gartenteich kann ganz schnell in einer Sumpftragödie enden. Wie oft ich den Satz höre: „… und dann hätten wir auch gern noch ein wenig Wasser im Garten." Dies ist eine sehr weit interpretierbare Aussage, denn was meint der Gartenbesitzer wohl damit? Vielleicht einen kleinen Quellstein, einen Brunnen mit Pumpe, eine Fontäne mit Wasserbecken oder gar einen Teich mit Fischen, Fröschen … und Algen? Und damit beginnt das kleine Drama schon, denn der Hausherr möchte am liebsten einen Wasserlauf durch den Garten, der in einem großen Teich endet. Auf einem fast waagerechten Terrain von etwa 140 m² Gartenfläche ist von einem solchen Unternehmen gänzlich abzuraten, hier würde ich mich dann doch eher auf den Quellstein besinnen. Denn je kleiner der Teich, desto größer die Wahrscheinlichkeit, dass er sich zu einem Tümpel, d.h. einem algigen Sumpf voller Schlick und Fadenalgen, aber wenig Wasser, entwickelt. In vielen, recht kleinen Stadtgärten ist Laub das Hauptproblem, das sich im Teich ansammelt und über kurz oder lang eine Schlickschicht bildet, die dem Wasser immer mehr Sauerstoff entzieht und den Teich zum Umkippen bringt. Umkippen bedeutet, dass Gewässer ihre Balance verlieren, nicht mehr ausreichend Sauerstoff führen, sodass letztendlich auch die Fische sterben. Es ist deshalb wichtig zu beachten, dass sich der Bewuchs proportional zur Größe des Teichs verhält und dass auch nicht zu viele Fische darin gehalten werden. Ein zusätzliches großes Problem bei kleinen Teichen ist, dass sich bei zu großer Erwärmung Algen bilden, die auch zum Umkippen führen. Eine kleine Fontäne könnte helfen, ist aber in vielen Fällen nicht stark genug, um genügend Sauerstoff in den Teich zu bringen.

.... Ein kleiner Gartenteich sollte keinesfalls ganztägig der vollen Sonne ausgesetzt sein, da er sich dann auch zu schnell aufheizt. ....

Glauben Sie mir, die Nachteile bei Wasser im Garten überwiegen. Wenn es Frösche gibt, die sich bei Ihnen zu Hunderten einfinden, könnte es sein, dass das Paarungsgequake zu nächtlicher Zeit vielleicht wie eine Zaubermelodie in Ihren Ohren klingt, häufig aber nicht in denen der Nachbarn. Die gute Nachricht ist, wer Frösche hat, hat zwar mehr Probleme mit den Nachbarn, aber weniger mit Mücken, denn die fressen die Mückenlarven. In Gärten ohne Frösche gibt es dann wiederum ein Mückenparadies. Wenn Sie Fische haben wollen, denken Sie daran, dass der Fischreiher die kleinen roten Goldfische aus höchster Höhe erspäht und dann zuschlägt, wenn Sie ins Büro gehen. Da hilft häufig nur ein gespanntes Netz, das allerdings weder zur Attraktivität des Ganzen beiträgt, noch die Pflege des Teichs leichter macht.
Und wenn Sie dann noch kleine Kinder oder Enkelkinder haben, würde ich das Projekt Teich einfach ins nächste Leben verschieben. Stattdessen würde ich mir einen netten, kleinen Brunnen mit einer Durchlaufpumpe kaufen; er macht wesentlich weniger Arbeit, wird von Mücken gemieden, verschlammt nicht und hört sich auch noch schön an. Versuchen Sie einen Brunnen mit einem Speier zu finden, von wo aus das Wasser in ein tiefes Becken fällt; dies erzeugt einen tieferen Ton, der dem einer „Pieselfontäne" unbedingt vorzuziehen ist. Der ganz große Vorteil eines solchen Gewässers ist, dass das Geplätscher alle anderen Nebengeräusche, wie Nachbarn, Verkehrslärm u.ä., sehr gut übertönt oder gar ausblenden kann. Auch sehr hübsch sind einfache Wassertröge, die ab und an nachgefüllt werden müssen, dafür aber die Vogelwelt in den Garten bringen und nur sehr selten als Laichstätte von Mücken und Fröschen genutzt werden.

Sehr geehrte Frau Pape!

Im Herbst letzten Jahres habe ich meine bisherige Rasenfläche mit Rollrasen erheblich vergrößert (ca. 1600 m²). Der Rasen hat sich prächtig entwickelt, wird regelmäßig gedüngt sowie gemäht und bereitet uns sehr viel Freude.

Nun fällt leider erheblich mehr Schnittgut an als bisher. Mulchen möchte ich nicht, weil es mir nicht möglich ist, den Rasen entsprechend regelmäßig und häufig zu mähen. Bislang entleere ich die Grasauffangkörbe in einer entlegenen Ecke des Gartens, was bei den anfallenden Grasmengen jedoch seine Grenzen hat. Es entstehen unangenehme Gerüche und man kann diesen Teil des Gartens wegen des glitschig-schmierigen Bodens nicht betreten bzw. nutzen.

Daher stehe ich nun vor der Frage: Wohin mit dem ganzen Schnittgut bzw. wie soll ich es behandeln?

Mit freundlichen Grüßen, S. I.

Sehr geehrte Frau I.,

das mit dem Schnittgut ist in der Tat ein echtes Problem, und wer keine anderen Gartenabfälle hat, die er auf dem Kompost mit dem Schnitt mischen kann, teilt Ihr Problem. Ich hatte ja nie sehr viel Rasen und habe die vier oder fünf Grasfangkörbe, die pro Woche anfallen, unter meiner Rotbuchenhecke als dicken Mulch (ca. 15 cm dick) aufgetragen. Das hilft der Verdunstung, unterdrückt Unkraut und kompostiert auf lange Sicht … und ist der Hecke bisher sehr gut bekommen. Bei Ihren Mengen an Grasschnitt würde ich ernsthaft erwägen, einen großen Teil des Rasens zur Wiese werden zu lassen und dort nur romantische Wege hineinzumähen. Das reduziert das Schnittgut auf einen Bruchteil der vorigen Menge, bedeutet aber auch, dass Sie die Wiese Ende Mai und Anfang September nur noch mit einer Motorsense mähen können. Über das Heu freuen sich beispielsweise immer Kaninchenbesitzer. Versuchen Sie es mal, es ist auch eine große ökologische Verbesserung der Fläche, denn in der Wiese werden plötzlich viele Wildblumen von allein auftauchen, und Sie können mit der einen oder anderen Blumenmischung noch nachhelfen. Ich empfehle, mit einer kleinen Tüte 'Mössinger Sommer' zu beginnen. Sieht traumhaft aus, probieren Sie es einfach einmal aus.

Guten Tag Frau Pape,

ich habe einen Rasen von ca. 50 m², der die eine Hälfte des Tages in der Sonne und die andere im lichten Schatten liegt. Im Frühjahr habe ich vertikutiert, Bodenverbesserer und Dünger gestreut, was normalerweise für das Sommerhalbjahr ausreicht. Dieses Jahr hat sich aber massiv Moos gebildet. Was sollte ich jetzt tun?
Mit bestem Dank und freundlichen Grüßen, H.-D. A.

Guten Tag Herr A.,

der Rasen ist, wie der Engländer sagt, „a long day plant", mit anderen Worten, die Tageslänge ist für Rasen ausschlaggebend. Es ist Ihnen vielleicht schon aufgefallen, dass der Rasen im Herbst wesentlich weniger wächst; das hat nicht nur mit der fehlenden Temperatur zu tun, sondern auch und vor allem mit der Tageslichtlänge. Bekommt der Rasen weniger als acht Stunden Licht, reduziert er sein Wachstum. Wenn Sie nun sagen, dass die Hälfte des Rasens nur die Hälfte der Tagessonne im Sommer bekommt, also von den durchschnittlich 14 Stunden Sonnenlicht im Hochsommer, dann sind sieben Stunden noch immer nicht genug. Dies macht den Rasen dann anfällig für alles, vor allem für Moos, da hilft auch Vertikutieren nichts. Ich würde es aber einmal mit einer Schattenrasensaat probieren.

Liebe Frau Pape,

nächstes Frühjahr möchte ich alle meine kleinen und großen Buchsbäume aus dem Garten als „unregelmäßige" Hecke an die Grundstückgrenze versetzen. Da steht jetzt noch eine Rhododendrenhecke, die den Buchsbäumen weichen muss. Was gibt es für mich bei dieser Umpflanzaktion zu beachten?
Ich bin sehr gespannt auf Ihre Antwort und bedanke mich, W. M.

Liebe Frau M.,

meine Antwort wird Ihnen wenig Freude bereiten, denn ich würde die Rhododendren stehen lassen und vielleicht durch einen moderaten Rückschnitt verjüngen, mich aber keinesfalls auf Buchs als Grundstücksgrenzbepflanzung einschwören, denn der hat momentan einen sehr gemeinen und fast unbezwingbaren Feind. Die Buchstriebspitzenkrankheit, ein Pilz namens *Cylindrocladium buxicola*, der im ganzen Land gerade große Mengen an Buchsbaum vernichtet, ist der momentane Übeltäter. Ein weiterer Feind ist unterwegs, der Buchsbaumzünsler, ein Schmetterling, dessen Raupen sich aus dem Süden langsam in das Flachland vorknabbern. Wir verkaufen aus diesem Grund bereits seit zwei Jahren überhaupt keinen Buchs mehr an der Gartenakademie, weil ich es nicht verantworten kann, eine Pflanze zu empfehlen, die nur eine so kurze Lebensdauer haben wird. Und ja, man kann dagegen spritzen, nur wer möchte den ganzen Sommer über alle ein bis zwei Wochen mit hochgiftigen Spritzmitteln im Garten handwerkeln, zumal diese nur von Fachfirmen benutzt werden dürfen. Mal ganz abgesehen davon, dass viel Buchshecken ja auch Gemüsegärten einfassen. Wenn Sie allerding den großblättrigen *Buxus rotundifolia* haben, dann könnte es gut gehen, denn der scheint zumindest gegen den Pilz eine recht hohe Resistenz zu haben.
Wir empfehlen, als Ersatz für Buchs nur noch die Heckenmyrte (*Ilex crenata*) und ihre unterschiedlichen Sorten zu pflanzen.

Hallo Frau Pape,

ich höre öfter, dass für die Pflanzung von Rosen ein Eimer ohne Boden aus Kunststoff gut wäre. Die Rosen sind Tiefwurzler und die Rosenerde mit den Hornspänen für Frühjahr und Herbst würde der Rose länger zur Verfügung stehen. Bei dem reinen Sandboden in unserer Gegend wäre das keine schlechte Idee? Wie groß muss der Eimer sein, soll ich evtl. doch Löcher seitlich einschneiden?
Ich danke Ihnen jedenfalls schon heute für Ihre Antwort.
Freundliche Grüße, A. G.

Hallo Frau G.,

was so alles behauptet wird – ich habe nicht die geringste Ahnung, was sich der oder die Erzählerin bei der Sache mit dem Eimer gedacht hat, ich jedenfalls habe davon noch nichts gehört. Ist mir also neu, ergibt aber für mich keinen Sinn. Richtig ist, dass die Rose ein Tiefwurzler ist, doch dafür muss sie die tiefen Wurzeln erst einmal hervorbringen und dafür braucht sie wiederum Humus, einen lehmhaltigen Boden, Dünger und vor allem Wasser. Je mehr Sie die Möglichkeit der Rose fördern, an Wasser und Nährstoffe zu kommen, um so besser wird sie gedeihen. Wenn Sie die Rose in einem Eimer gefangen halten, ist die Wahrscheinlichkeit groß, dass Sie auch gezielt wässern müssen und damit die Gefahr, das Wässern ab und zu mal zu vergessen. Die Rose wird es Ihnen nicht danken, wäre meine Vermutung. Ich empfehle Ihnen, Ihrer Rose für den gleichen Aufwand einen großen Sack guter Rosenerde zu gönnen, ordentlich Wasser und – nicht vergessen – Mykorrhizapilze (gibt's im Gartencenter oder im Internet) mit in das Pflanzloch zu geben, denn diese scheinen dem Wachstum der Rosen sehr zugute zu kommen. Besonders gut übrigens, wenn Sie wurzelnackte Rosen pflanzen.

DER PERFEKTE GARTEN

—

Denn es ist durchaus im Garten nicht anders als im wirklichen Leben: In der Mischung liegt die Kunst.

—

Blickfang im Spätsommer

▸........... UM EINEN SCHÖNEN GARTEN ZU SCHAFFEN, braucht man nicht nur ein gutes Design und eine den Ansprüchen genügende Geldbörse, sondern vor allem: Hingabe.
Ohne Letzteres passiert nämlich nicht viel Neues im Garten, besonders nicht in der zweiten Jahreshälfte. Ich begleite Sie und Ihren Garten ja schon eine ganze Weile und denke, dass Sie nun so fortgeschritten sind, dass ich nicht nur über einzelne Pflanzen schreiben sollte – das kann ja etwas dröge werden. Stattdessen werde ich Ihnen am besten ein paar Pflanzenkombinationen für die Jahreszeiten zusammenstellen. Denn es ist durchaus im Garten nicht anders als im wirklichen Leben: In der Mischung liegt die Kunst. Und außerdem passen aus meiner Sicht nicht alle Pflanzen zusammen.

Bei so mancher Beetkomposition, gerade im Spätsommer und Herbst, stellen sich mir nämlich die Nackenhaare auf. Ich sage zwar oft, dass im Garten alles geht und auch fast alles erlaubt ist, aber jetzt darf es auch mal harmonischer werden. Denn mit Harmonie finden Sie die nötige Hingabe, sich Ihrem Garten mehr denn je zu widmen.
Wer Rottöne im Sommer mag, der sollte es mal mit folgender Kombination versuchen: der hinreißenden, einfachblühenden *Dahlia* 'Bishop of Auckland', deren dunkles Laub der asterverwandten *Kalimeris* (Schönaster) sehr zur Geltung verhilft, während die Fetthenne *Sedum* 'Matrona' die Blätter eines dazu gepflanzten Knöterichs *Persicaria amplexicaule* 'Taurus' verführerisch exotisch erscheinen lässt. Weil Fetthenne und Dahlie doch recht dominant sind, braucht man davon in dieser Kombination nur je eine. Der Knöterich ist dagegen nicht gern alleine und sollte schon zu zweit oder dritt gepflanzt werden. Das Gleiche gilt für die Schönaster.

.... Für eine Feinschmecker-Kombination habe ich eine Dahlie gefunden, die tatsächlich 'Twining's After Eight' heißt, über deren sehr üppigem, dunklem Laub in etwa ein Meter Höhe minzeweiße Blüten tanzen. ....

Diese Dahlie habe ich in Kombination mit Reitgräsern *(Calamagrostis)* und Chinaschilf *(Miscanthus)* gesehen und war völlig aus dem Häuschen. Immer wieder schön, auch für mich, dass es ständig zauberhaftes Neues für den Garten zu entdecken gibt, wenn man nur die Augen offen hält und niemals denkt, dass nun der Garten fertig sei. Sie wissen ja, was Karl Foerster dazu sagte: Wer mit seinem Garten schon zufrieden ist, hat ihn nicht verdient.
Überhaupt habe ich in den letzten Jahren festgestellt, dass Dahlien und Gräser eine hervorragende Kombination sind. Vor allem die etwas transparenten, leichtblütigen Gräser wie das Pfeifengras sind ideal, um ein Spätsommerbeet einen Touch laszive Hingabe ausdrücken zu lassen. Ich werde versuchen, meine Staudensnobs an der Gartenakademie davon zu überzeugen, ein Schaubeet dieser Art anzulegen, damit Sie wissen, was ich meine. Ich denke da an eine Kombination aus burgunderroten Dahlien 'Jowey Mirella' und pinken Balldahlien wie 'Graaf Floris' mit der purpurnen 'Moor Place'. Das Ganze aufgepeppt mit *Aster* 'Lady in Black', gelbem *Solidago* 'Fireworks' und vielleicht tanzt hier und da auch noch ein Eisenkraut *(Verbena bonariensis)* durch das Ensemble. Das nenne ich eine bunte, fröhlich stimmende Reihe, eine Art Ringelpiez mit Anfassen. Es darf nämlich im Garten auch einmal lustig zugehen. Da gerade vielerorts von Spaß geschrieben und gesprochen wird: Ja, Garten darf auch Spaß machen! Doch auch der etwas sachlichere Gartentyp soll heute nicht zu kurz kommen. Für eine wunderbare weiße Kombination lassen sich nämlich die Blüten des weißen Wiesenknopfs *(Sanguisorba canadensis)* ganz wunderbar mit der Dahlie 'Snowstorm' und der weißen Schönaster *(Kalimeris incisa* 'Madiva'*)* verbinden.

Der Garten vor und in den Ferien

▸........... KOMMEN WIR ZU DEN LÜCKENFÜLLERN, die Sie sich entweder selbst aus Saat gezogen haben oder jetzt einkaufen. Auf den ersten Blick sehen fast alle Beete im Sommer sehr befriedigend und üppig aus, die Rosen blühen und fast alle Stauden stehen in schönster Pracht, und so wiegen wir uns in Sicherheit, dass es immer so weiterginge. Doch der Schein trügt. Hier und da zeugen absterbende Mohnpflanzen und Pfingstrosen davon, dass sich in etwa vier bis sechs Wochen an diesen Stellen große Lücken im Beet ergeben und die Pflanzen drum herum verblüht sein werden. Also lohnt es sich jetzt, ganz dicht neben die langsam einziehenden Frühblüher langblühende Einjährige zu setzen. Auch hierzu können Sie die Gärtner befragen, denn unsere Schaurabatte wird jetzt mit diesen Schummelpflanzen bestückt. Wir setzen überall, wo sich Lücken auftun, Spinnenblumen, Ziertabak und natürlich Dahlien ein. Die Dahlien erleben gerade eine wahre Renaissance, und zu meiner Überraschung nicht nur die edlen Verwandten von 'Bishop of Llandaff', sondern auch die Pompon- und Kaktusdahlien, die mich im Nachbargarten als Kind so faszinierten, da manche ihrer Blüten so groß schienen wie mein eigener Kopf und sie durch surreale Farben alle Aufmerksamkeit auf sich zogen. Was im Übrigen beim Nachbarn nicht schwer war, denn der hatte bereits im Spätsommer alle verblühten Stauden zurückgeschnitten, damit es im Beet auch ja ordentlich aussieht. *Ordentlich* wollen wir aber nicht mehr, jedenfalls nicht im Beet. Wir wollen nur die Pflanzen zurückschneiden, die sich wirklich nicht benehmen, aber auch erst im Herbst, wenn sie richtig unansehnlich sind. Unter den Dahlien möchte ich einige vorschlagen, die Ihnen nach den Ferien ein Lächeln auf die Lippen zaubern. Von den Tausenden von Namen kann ich hier nur wenige nennen, die Sie auch ohne Weiteres überall bekommen können. Wer es knallig und pink mag, sollte die Kaktusdahlie 'Radiance' probieren. Wer etwas mehr Zurückhaltung vorzieht, kann die hinreißende 'Rip City' probieren, die ein dunkelrotes, barockes Ballkleid trägt, oder die Pompondahlie 'Dark Spirit', bei der auch die Knospen schon geheimnisvoll, fast schwarz sind. Dem, der sich noch nicht so recht traut, schlage ich die englischen Bischöfe vor, sie sind *very British*, vornehm und zurückhaltend, von daher auch einfachblühend und ungefüllt empfehlenswert: die beiden dunkelrot blühenden 'Bishop of Llandaff' und 'Bishop of Aukland' sind immer Hingucker, oder auch 'Bishop of Dover' in Reinweiß. Ob man bald eine Dahlie nach dem Ex-Bischof Tebartz-van Elst benennen wird, sei dahin gestellt. Welche Farbe die wohl hätte – und wäre sie eine Kaktusdahlie?

Stellen Sie sich vor, Sie fahren in den Urlaub und der Rasen hört auf zu wachsen, die Blumen pausieren mit der Blüte und alles, was Blätter hat und Fotosynthese betreibt, macht jetzt eine Sommerpause, das wäre doch der Himmel auf Erden. Das ist aber wirklich nur eine Wunschvorstellung, denn gerade in den heißen Sommermonaten wachsen die Pflanzen besonders stark und ausdauernd. Auch wenn man meint, dass es in den letzten Tagen genügend für den ganzen Sommer geregnet hätte, trügt der Schein. Daher sollte man seinen Garten jetzt langsam an die mageren Wochen gewöhnen, in denen vielleicht mal ein Nachbar nach dem Rechten schaut.

.... Hören Sie auf, täglich Ihren Garten mit Wasser zu besprenkeln, lassen Sie die Pflanzen ruhig ein paar Stresstage durchmachen und gießen Sie auch nur alle drei bis vier Tage den geliebten Rasen. ....

Wer jetzt seine Pflanzen entwöhnt, gibt ihnen auch das richtige Signal dafür, dass sie sich in den nächsten Wochen mehr um sich selbst kümmern müssen. Viele Pflanzen sind in der Lage, sich auf ein paar magere Tage einzustellen, man darf sie nur vorher nicht ans ....▸

Schlaraffenland gewöhnen. Reduzieren Sie also jetzt Ihre Sprenkelaktionen und wässern alle drei bis vier Tage richtig, sodass der Boden getränkt wird. Bei den Rosen hilft jetzt, die verblühten Triebe etwas stärker herunterzuschneiden, damit sie ihre Blühpause in Ihre Ferienzeit verlegen. Wenn Sie zurückkommen, haben sie dann neue Knospen angesetzt. Geben Sie vor dem Urlaub jeder Rose noch einmal eine Handvoll Dünger und sieben bis zehn Liter Wasser: Sie werden staunen, wie wenig Ihre Rosen Sie vermissen. Auch Sträucher, die erste Anzeichen von Schlaffheit zeigen, genießen ein paar Gießkannen Wasser, bevor Sie verreisen.

Auch mit wenigen gekonnten Handgriffen und durch ökonomisches Einkaufen von Pflanzen können Sie das Gartenbild über die Ferien bis in den Herbst hinein retten. Denn nun ist die Zeit gekommen, in der erste Lücken im Beet entstehen, die dringend mit Einjährigen gefüllt werden möchten, und natürlich ist der gefürchtete Sommerrückschnitt einiger Stauden angesagt. Ich weiß, dass es schwerfällt, Katzenminze und Frauenmantel gerade jetzt in voller Blüte gänzlich bis auf 10 cm über dem Boden herunterzuschneiden, doch es ist die Zeit dafür und die Staude wird es Ihnen danken. In nur drei Wochen haben Sie eine völlig neue Pflanze mit frischen, jungen und knackigen Blättern, die ab August noch einmal blüht. Wer sich das nicht vorstellen kann, darf gern unseren Gärtnern zuschauen, wie sie in unserer großen Staudenrabatte vorgehen, und ihnen ein Loch in den Bauch fragen. Wichtig ist zu verstehen, dass Sie mit diesem Schnitt Ihr Gartenbild für den Spätsommer/Herbst völlig verändern, vorausgesetzt, Sie haben Frauenmantel und Katzenminze. Falls nicht, wird es allerhöchste Zeit. Auch der Rittersporn dankt den Rückschnitt mit wiederholter Blüte nach den Ferien.

.... Wer sich viel Aufwand über Jahre sparen möchte, sollte tatsächlich in ein Bewässerungssystem mit unterschiedlichen Schaltkreisen und einer Zeitschaltuhr investieren. ....

Ich habe in meinen eigenen Garten dieses Frühjahr eine Anlage bauen lassen, die auch zwei Stränge auf den Terrassen im ersten Stock bedient, um dort die großen und kleinen Töpfe zu bewässern. Und schon jetzt genieße ich diese Unabhängigkeit sehr, keine Nachbarn und Freunde mehr für die Pflanzen bemühen zu müssen. Balkonbesitzer, die eine automatische Bewässerung für zu riskant halten, weil sie Angst davor haben, nach den Ferien eine geflutete Wohnung vorzufinden, sollten den Flaschentrick probieren. Man nehme pro Balkonkasten und Pflanztrog ein bis zwei große Plastikflaschen, 1,5 l sind perfekt, schneidet den Boden heraus und schraubt sie mit dem Flaschenhals und durchlöchertem Deckel nach unten in die zu bewässernden Tröge. Sobald sie richtig fest in der Erde sind, kann man den Flaschenkörper mit Wasser füllen. Am besten füllt man die Flaschen erst einmal nur halb, um zu sehen, wie viel Halt sie haben, der Halt verbessert sich mit der Zeit. Die Flasche gibt dann so lange Wasser an den Blumentopf ab, wie die Erde trocken ist. Sobald sie nass ist, hört die Flasche auf, Wasser zu verteilen. Das ist jedenfalls die Idee. Ist die Flasche nicht fest genug im Topf verankert, kann das Ganze auch zu einer schrecklichen Sauerei ausarten. Man muss also, wie bei allem im Garten, auch hier etwas Geduld mitbringen. Übrigens, diese Methode ist nicht unbedingt die attraktivste, denn leicht kann eine Terrasse oder ein Balkon aussehen wie ein überfüllter Flaschencontainer, doch das kann Ihnen während Ihrer Abwesenheit ja egal sein. Wichtig ist nur, dass Sie sich nicht an das Bild mit den Flaschen gewöhnen, wenn Sie wieder da sind.

Zeit für den Garten

▸............ HÄUFIG BRINGEN MIR KUNDEN URLAUBSBILDER von schönen englischen Gärten mit, und während sie mir diese zeigen, reden sie von toller Pflege, akkurat geschnittenen Hecken, feinstem Rasen und liebevoll gestutzten Rosenstöcken, um letztendlich zu fragen: „Wie machen die das bloß?" Nun, die Antwort ist, die fahren nicht in die Ferien, die machen Ferien im Garten. Irgendwann werden wir diesen Luxus auch noch mal entdecken, aber bis dahin werden wir wohl weiterhin an überfüllte Strände reisen und über fremdes Essen meckern, um dann, nach der Rückkehr, wie jedes Jahr, dem Garten hinterherzuhechten. Alles, was wir im Garten tun, scheint immer in Eile und immer ein wenig zu spät zu geschehen. Es gleicht eher einem ständigen Kampf um den Erhalt, als einem genussvollen Gartendasein. Dieses „Dem-Garten-Hinterherlaufen" kann man ändern, wenn man seine Lebensgewohnheiten nur ein wenig den Bedürfnissen des Gartens anpasst. Sie sollen ja gar nicht Ihre Urlaube verlegen, es geht nur darum, bestimmte Dinge rechtzeitig zu tun, bevor Sie von ihnen eingeholt werden, denn dann wird Gärtnern zur Gartenarbeit. Deshalb hier ein paar Tipps zu Tätigkeiten, die man noch gut vor dem Urlaub erledigen kann.

.... Vor dem Sommerurlaub ist die allerbeste Zeit, die Hecken so kräftig wie möglich zu schneiden, oder so kräftig, wie Sie es sich zutrauen, damit sich die eventuell beim Schneiden entstandenen Löcher bei Ihrer Rückkehr schon wieder geschlossen haben. ....

Um diese Jahreszeit schlagen nämlich die Pflanzen innerhalb nur weniger Wochen wieder aus. Ganz besonders wichtig ist diese Jahreszeit für den Schnitt der Hain- und Rotbuchen, damit sie im Winter die Blätter zwar verfärben, die Hainbuche in Goldgelb und die Rotbuche in Orange, aber keinesfalls abwerfen. Als Baum werfen die o.g.

Gattungen ihr Laub zum Winter ab, die Heckenformen jedoch nicht. Würden Sie Ihre Hecken also erst Mitte/Ende August schneiden, hätten die Pflanzen nicht mehr genug Zeit, um üppig neues Laub zu produzieren und wären im Winter kahler. Seien Sie nicht zu zimperlich beim Rückschnitt, auch wenn man kurz mal den Nachbarn sieht, wird die Hecke auf lange Sicht durch einen starken Rückschnitt viel dichter. Auch eine dreißigjährige Buchenkecke sollte nicht dicker als 30 cm sein, dann ist sie richtig gepflegt und geschnitten worden. Auch Liguster und andere Hecken können jetzt, noch vor dem Urlaub, geschnitten werden. Nur Eiben würde ich erst im August schneiden, also nach dem Urlaub, damit diese immergrüne Hecke über den Winter ihre strengen Konturen beibehält, denn sie wächst nach dem Schnitt nicht weiter. Auch andere immergrüne Koniferenhecken sollten jetzt geschnitten werden, und lassen Sie sich nichts anderes vom Gärtner weismachen, nur um den Schnitt auf die Zeit nach den Ferien verschieben zu können. Wechseln Sie dann lieber den Gärtner und beauftragen Sie einen, der jetzt arbeiten kann. Buchs sollte Anfang Juni stark geschnitten werden.

Wer dann noch ein paar Stunden Zeit hat, was eher unwahrscheinlich ist, der könnte jetzt noch schnell die Rhizome seiner Irispflanzen abstechen und neu verpflanzen. Auch ist dies die beste Jahreszeit, *Hemerocallis* – die Taglilien – zu teilen und zu vermehren, zumindest die bereits verblühten. Taglilien und *Iris sibirica* tendieren ein wenig dazu, in der Mitte zu verkahlen und nach außen hin einen Ring zu bilden. Wenn man diesen Ring jetzt herausnimmt, teilt und nur ein paar Pflanzen wieder an die Stelle setzt, hat die Pflanze bereits im nächsten Jahr wieder Blüten. Übrigens können Sie die anderen Ableger gut verschenken oder mit einem kleinen Schild an die Straße stellen: „Suche ein neues Zuhause." Damit macht man sich viele Freunde und verhindert ein schlechtes Gewissen. Das klappt selbst in den Ferien, denn wir sind ja nicht in Italien oder Frankreich, wo das ganze Land zur gleichen Zeit verreist.

Die Haarpracht von Mutter Erde

▸............ „GRÄSER SIND DAS HAAR DER MUTTER ERDE." So liebevoll philosophierte der berühmte Gärtner, Autor und Staudenpapst Karl Foerster über die filigranen, jedes Jahr wiederkehrenden Gewächse. Derzeit schieben auch die mittel- und spätblühenden Gräser, beinahe unbemerkt, ihre eleganten Ähren und Rispen aus den saftig grünen Horsten immer höher hinaus. Und einige von ihnen können stattliche Höhen erreichen. Bei jedem Lufthauch wiegen sich ihre langen Halme im Wind und erzeugen dadurch eine sanfte Bewegung im Garten. Darüberhinaus verleihen sie den Bepflanzungen eine ganz besondere Struktur.

.... Mit dem Aufblühen der Gräser erhält das Staudenbeet ein ganz anderes Aussehen, daher widme ich mich diesen bezaubernden Stauden immer wieder so gern. ....

In seinem 1957 erschienenen Werk mit dem Titel *Einzug der Gräser in unsere Gärten*, prophezeite Foerster den damals noch wenig verbreiteten Gartenpflanzen: „Es bleibt ihnen in unserem Gartenleben eine Rolle vorbehalten, die noch unabsehbar ist, weil der Einzug der Gräser erst in den allerersten Anfängen steckt." Heute bieten ausgesuchte Gärtnereien, nicht zuletzt dank Foerster, eine großartige Vielfalt an Gräsern, die sich immer größerer Beliebtheit erfreuen. Gräser sollten aufgrund ihrer filigranen Transparenz, ihrer Leichtigkeit und ihrer vielfältigen, ungewöhnlichen Verwendungsmöglichkeiten in keinem Garten und, wie ich finde, auch auf keinem Balkon mehr fehlen, und daher möchte ich Ihnen hier einige von ihnen vorstellen.
Panicum virgatum 'Heavy Metal' ist ein aus den USA stammendes Gras, das durch eine metallisch blaugrüne Laubfarbe, seinen straff aufrechten Wuchs beeindruckt und mit seinen schleierförmigen, sich im Wind wiegenden Blütenrispen Akzente in die Pflanzung setzt. Frühe Gräser, die sich bereits im frühen Sommer zeigen und auch

blühen, sind *Stipa tenuissima*, das Frauenhaargras, das sich durch seinen niedrigen, duftig und doch buschigen Wuchs auszeichnet. Es eignet sich auch hervorragend für die Bepflanzung in Kübeln auf Terrassen oder Balkonen. Diese Grassorte lässt sich wunderbar mit *Echinacea purpurea*, dem Purpursonnenhut, *Allium sphaerocephalon*, dem Kugelköpfigen Lauch, und Wiesenknopf *(Sanguisorba tenuifolia)* kombinieren, die als Ensemble ein herrliches Pflanzenbild ergeben. *Stipa barbata*, das Reiherfedergras, ist eine Gräserschönheit, deren Blütenstände elegant bogig überhängen. Ihre Samen sind mit langen, silbrig schimmernden Grannen ausgestattet, die wie Federn im Wind schweben. Ebenfalls zu dieser frühen Gruppe gehört *Calamagrostis* × *acutiflora* 'Karl Foerster' (Reitgras oder Gartensandrohr). Es kann bis zu 1,50 m hoch werden und bevorzugt einen sonnigen Standort. Das Reitgras ist ein zuverlässiges und robustes, straff hochwachsendes Gras, das Beete besonders schön strukturiert.

Deschampsia cespitosa, die Rasenschmiele, blüht von Juni bis August, wird etwa 70 cm hoch und ist sowohl für sonnige als auch für schattige Standorte geeignet. Wenn sie wiederholt im Beet eingesetzt wird, bildet sie eine Art Schleier, die über der Bepflanzung zu schweben scheint. 'Bronzeschleier' ist die bekannteste Sorte, die an ihren goldbraunen Ähren zu erkennen ist.

Zu den schönen Überraschungen zähle ich auch die Pfeifengräser *(Molinia)*, weil sie sich auch nur hier und da in milden Wintern aussäen, wogegen das zarte Federgras sich sehr gern überall aussät und eine Rabatte dann schnell wie eine Wiese aussehen lässt. Wer das verhindern, aber nicht auf Gräser verzichten möchte, kann sich auf Chinaschilf *(Miscanthus)* und seine vielen Sorten verlassen, denn seine Wedel reifen erst, wenn bei uns schon tiefster Winter herrscht und dann hat die Saat keine Chance zu keimen.

Karl Foerster wies den Gräsern im großen Gartenorchester die Position der „Harfen" zu, und so wünsche ich Ihnen, dass Ihr Orchester bestens mit diesen zarten Instrumenten ausgestattet ist, damit Sie Ihr ganz persönliches Gartenkonzert genießen können.

Farbe im Spätsommer

▶............... WER JETZT AUS DEM URLAUB ZURÜCKKOMMT und keine Blüten im Garten vorfindet, sollte sich unbedingt einmal die Schönaster *(Kalimeris)* ansehen. Sie ist eine asiatische Verwandte unserer Astern, beginnt aber bereits im Juli zu blühen, also wesentlich früher als unsere heimischen Astern. Sie haben einen schönen, festen, aufrechten Wuchs und viele dichtgesäte Blütenknospenverzweigungen, die sehr zur Attraktivität der Pflanze beitragen. Unser Favorit ist die großblütige Schönaster *(Kalimeris incisa* 'Madiva'), deren große Blüten zartviolett erblühen und dann weiß werden, bevor sie einige Wochen später verblühen. Sie liebt Sandböden, ist sehr standfest und wandert auch nicht an andere Stellen im Beet. Übrigens kann sie auch gut Halbschatten vertragen, was Astern ja überhaupt nicht mögen. Der renommierten Staudengärtnerei Gaißmayer in Illertissen im Allgäu ist es sogar gelungen, eine asternfarbene, also eine echt blauviolette Sorte zu züchten, die bis zu einem Meter hoch wird: *Kalimeris mongolica* 'Antonia', die Blaue Schönaster. Ein wahrer Staudenfan sollte unbedingt einmal deren Webseite besuchen, denn die Auswahl und die Pflanzenbeschreibungen sind hinreißend. Noch spannender ist, dass es dort auch einen Pflanzenversand per Post gibt und ich nur Gutes darüber gehört habe.

.... *Eine echte Aster, die auch jetzt schon zu blühen beginnt, ist die Sommeraster* (Aster frikartii 'Mönch') *– eine sehr reich blühende Kreuzung.* ....

Allerdings kann man sie als ersten Boten des Herbstes betrachten, und wem das noch nicht zusagt, muss auf diese Blütenpracht verzichten. Keinesfalls sollte man aber auf die jetzt beginnenden Herbstanemonen verzichten. Diese zauberhaften Gartengeschöpfe sind das ganze Frühjahr und den Sommer hindurch sehr zurückhaltend, ja fast unsichtbar, aber kaum ist die Sonne über den Zenit, beginnen sie sich zu regen und ab August zeigen einige Sorten bereits prachtvolle Blüten. Aufgrund ihrer sommerlichen Zurückhaltung ist die Herbstanemone für die vorderste Reihe im Beet ungeeignet, sie fühlt sich in der zweiten Reihe oder noch besser am Waldrand im lichten Schatten am wohlsten. Im Beet bevorzuge ich die lila- und rosafarbenen Sorten, in den Schatten von dunklen Gehölzen setze ich gern weiße. Absoluter Favorit ist nach wie vor ist die reinweiße, einfachblühende Sorte 'Honorine Jobert', da sie zuverlässig blüht, schöne hohe Blütenstängel von bis zu 1 m Höhe hat und unsere Winter anstandslos überlebt, was bei vielen der neuen, namenlosen, gefüllten Züchtungen nicht der Fall ist. Die alte Regel ist noch immer gültig: je einfacher die Blüte, desto stabiler und gesünder die Pflanze. Deshalb würde ich auch bei den Rosafarbenen auf altbewährte Sorten wie 'Königin Charlotte' oder 'Septembercharme' zurückgreifen. Die Anemone ist eher ein Rudeltier, daher sollte man mindestens drei bis vier von ihr pflanzen, um sie glücklich zu machen und um überhaupt einen Effekt im Beet zu erwirken.

Ohne Heide und Chrysanthemen

▸............ WENN JETZT IN IHREM GARTEN außer vielleicht der Goldrute rein gar nichts mehr blüht, dann fehlen Ihnen definitiv einige Pflanzen, die den Sommerzauber verlängern. Diese Lücke füllt man jetzt noch keinesfalls mit Heide und Chrysanthemen – die sind für die Jahreszeit bestimmt, in der es wirklich überhaupt nichts anderes mehr gibt. Wie Sie wissen, kämpfe ich seit Jahren gegen diesen bösen Kreislauf, der sich in unsere Gartenkultur eingeschlichen hat: Die Gartencenter verkaufen ab dem Ende der Sommerferien nur noch Heide und Chrysanthemen, weil sie der Meinung sind, dass die Kunden dies wollen, und die Kunden kaufen Heide und Chrysanthemen, weil es das Einzige ist, was der Markt zu bieten hat. Das ist natürlich Blödsinn, und bei mir kommen diese zwei Gattungen auch nicht vor Oktober in den Verkauf, denn jetzt ist erst einmal die Zeit der Spätsommerblüher. Gerade auf unseren schwierigeren Böden macht sich, mit etwas Komposterde, der Kandelaber-Ehrenpreis (*Veronicastrum virginicum*) sehr gut. Kleinen, langgezogenen Silvesterraketen gleich, schießen die Rispen der blauen und lilablauen Blüten gen Himmel. Eine meiner favorisierten Sorten ist *Veronicastrum virginicum* 'Lavendelturm', deren Blütenrispen hellhimmelblau leuchten. In dieser Jahreszeit brauchen Beete und Rabatten Stauden und Sträucher, die im flacheren Späsommerlicht leuchten. Der Kandelaber-Ehrenpreis hat den großen Vorteil, dass man ihn zum Winter hin nicht abschneidet, da er ungemein attraktive Samenstände hat, um die sich die bei uns verbleibenden Singvögel regelrecht prügeln. Natürlich gibt es von dieser Spezies für Fans der Farbe Weiß auch eine Variante, die origineller Weise *Veronicastrum virginicum* 'Album' heißt. Ganz hinreißend sieht diese Staude im Zusammenspiel mit den feurigen Farben der Montbretien aus, die leider hier nur bedingt winterhart sind. Sie stammen aus der Familie der Schwertlilien-Gewächse, weshalb man sie auch häufiger mit Gladiolen verbindet. Eine mir besonders gefallende Sorte ist *Crocosmia* 'Lucifer', ein Klassiker und Muss mit ihren leuchtendroten Blüten zu dieser schwierigen Gartenzeit. Dann ist jetzt natürlich, wie schon erwähnt, die schönste Zeit für Anemonen. Hier gibt es viele schöne Sorten, sowohl bei chinesischen als auch bei japanischen Züchtungen. Bitte keine Sorge, diese Pflanzen kommen schon seit vielen Jahren aus asiatischen Ländern, sogar die schönste und älteste aller weißen Anemonen, *Anemone japonica* 'Honorine Jobert' von 1853, stammt, obwohl der Name eine andere Herkunft nahelegt, aus China. Aber das sollte Sie nicht stören, denn unsere Bienen lieben auch diese Exoten schon sehr lange.

.... Bitte achten Sie darauf, echte Sorten zu bekommen und nicht einfach nur Anemone sp., *was für irgendetwas steht. ....*

Meist zeigen diese weniger Ausdauer im Beet und leben oft nur ein paar Jahre im Gegensatz zu echten Sorten, wie der schönen in Rosa einfachblühenden *A. tomentosa* 'Serenade' oder der pink gefüllten *A. × japonica* 'Bressingham Glow'.
Wir haben seit einigen Jahren die Sorte Lavatera 'Barnsley' im Beet und sehen sie durchaus als winterhart an, was wahrscheinlich der tollen Schneedecke zu verdanken ist, die wir in den letzten Jahren hatten. Bei den Storchschnäbeln *(Geranium)* möchte ich unbedingt auf die blaublütige Sorte 'Rozanne' hinweisen; sie ist aufgrund der Züchterlizenz etwas teurer, aber jeden Cent wert, denn sie blüht ab Mai ohne Unterlass noch immer üppigst. Auch die hungrig werdenden Bienen freuen sich über diesen Dauerbrenner, dies gilt ebenfalls für die Duftnessel *(Agastache* 'Black Adder'). Und dann tänzeln auch noch die langstieligen lila Blüten des Eisenkrauts *(Verbena bonariensis)* durch die Rabatten.
Wozu braucht man also schon Heide und Chrysanthemen, es ist doch noch lange nicht Herbst.

Sehr geehrte Frau Pape!

Wir haben seit drei Jahren Probleme mit Pilzen auf dem Rasen. Diese wachsen in einem Kreis und führen insbesondere dazu, dass der Rasen dort, wo die Pilze wachsen, auf einer Breite von 10 cm und einem Kreisdurchmesser von vielleicht 3 m vertrocknet.
Mittlerweile haben sich diese Pilze an mehreren Stellen ausgebreitet, zudem wachsen sie leider sehr schnell wieder nach.
Können Sie uns einen Ratschlag geben, was man zur Bekämpfung machen könnte? *Vielen Dank und freundliche Grüße, J. E.*

Sehr geehrte Frau E.,

die gute Nachricht ist, dass es sich nicht um etwas Mystisches handelt, sondern ich glaube, Sie haben einen Hexenring im Garten. Der Name ist allerdings mit etwas Mystischem verbunden, dachte man doch im Altertum, dass in diesen Pilzkreisen etwas vor sich ginge, dass mit Hexerei zu tun hätte. Stimmt aber nicht. Der Grund dafür, dass die Pilze einen Kreis bilden, liegt darin, dass das Myzel, also der unterirdische Teil des Pilzes, den Nährstoffen folgend, gleichmäßig unterirdisch nach außen wächst. Erst wenn die Jahreszeit für die jeweilige Pilzart gekommen ist, zeigen sich die Fruchtkörper am Ende des Myzels. Deshalb der Kreis. Um welchen Pilz es sich bei Ihnen handelt, kann ich ohne Bild leider nicht sagen, würde Sie einfach bitten, Hexenring in eine Internet-Suchmaschine einzugeben, denn dort gibt es ganz viele Bilder von Pilzkreisen in allen Farbschattierungen. Schauen Sie doch mal, ob da einer für Sie dabei ist. Diese Pilzringe finden sich oft dort, wo der Rasen zu nass ist, und somit hilft regelmäßiges Harken im Sommer und Vertikutieren im Frühjahr. Beregnen Sie den Rasen im Sommer nicht, wenn es sowieso schon nass ist. Übrigens gebe ich gern den Fangkörben am Rasenmäher die Schuld dafür, dass die Rasen in den vergangenen 20 Jahren schlecht und die Böden verdichtet sind, denn früher wurde geharkt und somit das Gras immer mal gelüftet und von abgestorbenen Halmen befreit.

Sehr geehrte Frau Pape,

ich möchte Narzissen und Tulpen in Kübel einsetzen (Kunststofftöpfe, 25 l, wie sie in Gärtnereien verwendet werden). Was ich weiß, ist, dass Frost Voraussetzung für die Blüte ist, Frostschutz an den Außenwänden der Kübel sein muss, eine Schattierung erforderlich ist, um das zwischenzeitliche Auftauen zu verhindern. Nun meine Frage: Gibt es Erfahrungen mit Frühjahrblumen in Kübeln? Die Pflanztiefen werden zwiebelabhängig empfohlen, aber reicht ein Kübel mit ca. 30 cm Höhe für die eine ausreichende Wurzeltiefe? Und gibt es Sorten, die sich eher für diesen Zweck eignen als andere?

Sehr geehrte Gärtnerin,

im Kübel sind die Pflanztiefen wie im Beet und ich fürchte, dass es keine Blüte gibt, wenn man die Zwiebel tiefer als 30 cm versenkt. 30 cm sind für das Wohlbefinden der Zwiebeln tief genug. Ich empfehle für solche Kübel, eine ganze Lage Tulpen oder Narzissen auf etwa 15–17 cm zu setzen, dann eine Erdschicht von etwa 6 cm darüber geben, dann Hyazinthen oder kleinere Tulpen auf die nächste Lage stecken. Diese decken Sie dann wieder mit etwas Erde ab und bringen noch eine Lage kleiner Krokusse ein, die Sie mit der Resterde abdecken. Dann blühen Ihre Töpfe von März bis Mai. Es gibt sehr viele Zwiebelpflanzen, die unsere harten Winter im Kübel nicht mögen, wobei sie im Beet überhaupt kein Problem damit haben. Gute Tulpen sind alle kleinen Sorten, die mit *Tulipa humilis* beginnen, auch *T. tucestanikca* und *T. sylvestris* eignen sich. Bei Narzissen fallen mir besonders die Tête-à-Tête-Narzissen ein, *Narcissus bulbocodium* und die wilden Narzissen wie *N. jonquilla*. *Iris reticulata* sind bezaubernd im Topf, aber wenn Sie Zwiebeln mit größeren Blüten und hohen Stängeln wollen, wird es schwierig, da wäre die Narzisse 'Ice Wings'. Bei den Tulpen würde ich zu den weniger verschnörkelten Sorten tendieren, da diese weniger überzüchtet sind und daher nicht so eitel wirken. Versuchen Sie es mit der roten Tulpe 'Appledorn' oder der 'Gelben Appledorn'.

DER HERBST IST PFLANZZEIT

—

Glauben Sie mir, so ein flammender Strauch oder Baum im flachen Herbstlicht ist schon was sehr Beglückendes.

—

Jetzt beginnt die Pflanzzeit

▶............ AUCH WENN ES SICH EIN WENIG ALTERTÜMLICH AN-
HÖRT, der Herbst ist und bleibt die beste Zeit dafür, Gehölze zu pflanzen; denn die Wurzeln lieben es, jetzt noch in den noch warmen Boden zu kommen, um dort anzuwachsen. Da sie in Kürze ohnehin ihre Blätter abwerfen, haben sie den ganzen Winter lang Zeit, sich mühelos an ihre neue Umgebung zu gewöhnen und können im Frühjahr den richtigen Moment zum Ausschlagen nutzen. Wer also vorhatte, noch einen Baum zu pflanzen oder sich einen Strauch mit schöner Herbstfärbung wie den Flügelspindelstrauch (*Euonymus alatus*) zu kaufen, kann dies jetzt ohne Bedenken tun. Deshalb haben auch die Baumschulen ihre Hauptversandzeit immer im Herbst. Natürlich sind sie alle ein wenig auf der Hut aufgrund der Erfahrung der letzten Winter und fürchten eine Wiederholung; die frisch verpflanzten Gehölze haben jedoch nicht mehr gelitten als diejenigen, die bereits schon länger im Garten standen. Auch ich versuche immer, Gehölze und vor allem Hecken im Herbst in meinen Garten zu pflanzen. Ich pflanze Hecken wurzelnackt, damit sie sich nach dem Frost im Frühjahr gleich etablieren können. Wurzelnackt ist ein schönes Wort, es beschreibt die Tatsache, dass die Pflanzen weder einen Topf noch irgendwelche Erde am Fuß haben, sondern lediglich nackte Wurzeln. Wenn Sie sich solche Pflanzen in der Baumschule bestellen, müssen sie auch gleich nach der Lieferung in die Erde gepflanzt werden, sonst leiden sie.

Wenn sie nicht gleich nach der Anlieferung eingepflanzt werden können, stellen Sie sie in einen Eimer Wasser, allerdings maximal für fünf bis sechs Tage. Früher wurden fast alle Rosen und vor allem Rotbuchen, Hainbuchen und Buchshecken wurzelnackt verkauft. Dies ist eine sehr preisgünstige Angelegenheit für Grundstücksbesitzer, die große Flächen mit Gehölzen umzäunen möchten und nur ein kleines Budget zur Verfügung haben. Wichtig dabei ist, die Wurzeln der kleinen, etwa ein- bis zweijährigen Pflanzen kräftig zu schneiden, also mindestens ein Drittel, wenn nicht sogar die Hälfte kann abgeschnitten werden.

.... Ich pflanze sogar Eibenhecken gern als wurzelnackte zwei- bis dreijährige Pflanzen, da man diese dann etwas enger setzen und eine sehr schmale Hecke hochziehen kann, indem man so lange nur die Seiten schneidet, bis die gewünschte Höhe erreicht ist. ....

Aber zurück zu den Herbstlaub-Schönheiten: Dazu gehören auf jeden Fall der Amberbaum *(Liquidambar styraciflua)*, die Sumpfeiche *(Quercus palustris)* und der Silber-Ahorn *(Acer saccharinum)* sowie viele andere Ahorne. Ginkgo ist auch ein echter Hingucker, wenn er am Ende des Jahres sein schönstes Farbenkleid zeigt. Bei den Sträuchern gibt es vor allem Pfaffenhütchen, die sich im Herbst sehr apart verfärben, aber auch die Apfelbeere *(Aronia)* ist nicht zu verachten. Die Zaubernüsse *(Hamamelis)* haben auch allesamt eine wunderschöne Herbstfärbung. Sie sind erfahrungsgemäß wesentlich überlebensfähiger, wenn sie im Herbst und nicht erst im Frühjahr gepflanzt werden. Der Federbuschstrauch *(Fothergilla)* und die Eichblatt-Hortensie *(Hydrangea quercifolia)* zeigen auch eine sehr bemerkenswerte Herbstfärbung, deren Ausgeprägtheit oft auf den Witterungsverlauf und den Standort zurückzuführen ist.

Am besten brechen Sie in den nächsten Wochen einmal in die Natur oder in einen botanischen Garten in Ihrer Nähe auf und sehen sich verschiedene Herbstfärbungen an. Finden Sie heraus, welche Ihnen am besten gefällt, und bringen Sie dann ein Blatt davon zu Ihrem Fachhändler. Mit ein wenig Glück kann er Ihnen sagen, wie die Pflanze heißt.

Glauben Sie mir, so ein flammender Strauch oder Baum im flachen Herbstlicht ist schon was sehr Beglückendes.

Eine Zwiebel ist eine Zwiebel ist eine Zwiebel

▶............ SEIT EINIGEN JAHREN ERSTAUNEN UNS große lila, rosa und weiße Kugeln in den Staudenbeeten: Es handelt sich um Zierlauch, dessen familiäre Verwandschaft zu seinen essbaren Verwandten unübersehbar ist. Alle Laucharten gehören zu den Zwiebelgewächsen und sind winterhart, mehrjährig und äußerst robust. Die Ursprungsform ist der aus dem Mittelmeerraum stammende Ackerlauch, der tatsächlich schon seit 2100 v. Chr. bekannt ist. Heute geht es um die wesentlich jüngeren verwandten Arten.

Als Lückenfüller zwischen noch nicht blühenden Stauden und verblühenden Tulpen ist der Zierlauch von unschätzbarem Wert. Das Farbspektrum reicht von kleinen gelben (*Allium moly*) über weiße, magenta-, lila- und rosafarbene Sorten. Von Vorteil ist, dass Lauch praktisch keinen Platz im Beet beansprucht. Durch die lange Blütezeit ergeben sich viele Gestaltungsmöglichkeiten. Geradezu unentbehrlich ist *Allium*, gemischt mit Katzenminze, Salbei, Frauenmantel und Rosen, in Staudenrabatten. Unglaublich beeindruckend wirken die großen *Allium*-Arten in Verbindung mit Gräsern. Wenn die Gräser noch etwas schwerfällig das neue Jahr begrüßen, betören diese Zierlauche schon mit ihrer Pracht. Wenn sich *Allium* dann zurückzieht und wunderschöne Fruchtstände hinterlässt, übernehmen die Gräser das Feld.

.... *Fast alle Allium-Arten brauchen gut durchlässigen, nährstoffreichen Boden. Die meisten mögen auch sonnige Standorte.* ....

Die richtige Pflanzzeit ist im Herbst, und die Zwiebeln sollten etwa dreimal so tief gepflanzt werden, wie sie hoch sind. Um lange Freude zu bringen, braucht Zierlauch, wie alle Zwiebelblumen, eine regelmäßige Düngung. Am besten eignet sich organischer Dünger, den man vorzugsweise nach der Blüte gibt, um der Zwiebel die Möglichkeit zu geben, sich zu regenerieren. Viele Gärtner empfinden das schnell gelb werdende Laub als Problem. Dieses bitte keinesfalls abschneiden, da es für die Fotosynthese und zur Regenerierung der Zwiebel lebensnotwendig ist. Ich empfehle deshalb, die Pflanzen – wie oben erwähnt – mit Stauden zu kombinieren, damit das gelbe Laub verdeckt wird. Grundsätzlich ist es möglich, *Allium* in Kübeln zu pflanzen, dabei ist wichtig, auch hier auf gute Ernährung und Dränage zu achten und nicht zu flache Kübel zu wählen.

Selbst als Schnittblume eignen sich die meisten *Allium*-Arten. Besonders begehrt sind die bezaubernden Samenstände. Wie bei allen Zwiebeln gibt es preiswerte und etwas teurere Sorten. Um ein schönes Gartenbild zu kreieren, ist es ratsam, die Zwiebeln nicht zu sparsam zu pflanzen. So könnten Sie beispielsweise von den Preiswerteren größere Mengen setzen, um die Besonderen als Hingucker dazwischenzustreuen. Eine der wichtigsten Sorten ist für mich *Allium* 'Purple Sensation'. Sie hat kräftig violette Blütenkugeln mit einem Durchmesser von etwa 12 cm und beginnt im Mai zu blühen, wenn im Beet sonst noch nicht viel los ist. Im Anschluss blüht dann *Allium aflatuense* in Kombination mit *Allium schubertii*. Diese extravagante Art sieht wie ein explodierendes Feuerwerk aus.

In diesen lila Farbenrausch könnten Sie etwas Weiß mischen, zum Beispiel mit *Allium nigrum*. Diese Art erfreut uns von Mai bis Ende Juni mit halbkugelförmigen Blüten. *Allium rosenbachianum* (lilapurpurrot), *Allium* 'Purple Rain' (tief lila), und *Allium jesdianum* 'Shing' (blauviolett) sind nur einige Vertreter mit besonders großen Blütenköpfen. Es gibt auch Laucharten, die zum Verwildern neigen, wie der Bulgarische Lauch *(Nectaroscordon bulgaricum)*. Er hat sehr schöne grünrosa Glockenblüten, die viel Nektar bilden und daher für Imker interessant sind. Noch ein letztes *Allium* möchte ich Ihnen ans Herz legen, *Allium sphaerocephalum*, das auf 60 cm langen Stielen kleine zart lila Blütenköpfe hervorbringt. Und zu guter Letzt rate ich, die trockenen Samenstände Ihrer *Allium* im Auge zu behalten, sie scheinen – unserer Erfahrung nach – begehrte Sammlerobjekte zu sein.

Sehr geehrte Frau Pape!

Ich meine schon einmal gehört zu haben, dass das Laub der Rotbuche schädlich für gewisse Pflanzen und Blumen ist. Können Sie das bestätigen und wenn ja, welche Abhilfe kann man schaffen?
Im Voraus ganz herzlichen Dank, G. G.

Sehr geehrte Frau G.,

diese gute Frage wurde in der Tat noch nicht gestellt, ich kann Sie aber gleich beruhigen, schädlich, im Sinne von giftig oder Ähnlichem sind die Rotbuchenblätter *(Fagus sylvatica)* überhaupt nicht. Auch hier grassiert ein Mythos, denn viele Rotbuchenbesitzer ärgern sich, dass ihr Rasen nicht nur im Sommer schlecht unter den Rotbuchen wächst, sondern auch, dass der Rasen unter der schweren Last der vielen Blätter nicht atmen kann. Der eigentliche Grund, warum der Rasen förmlich unter dem Laub erstickt, wenn man es nicht entfernt, ist, dass das Buchenlaub sich nur sehr, sehr langsam zersetzt. Deshalb wurde es zum Beispiel im 19. Jahrhundert in den Bergregionen als Ersatz für fehlendes Stroh in den Ställen ausgebracht, eben weil es nur langsam verrottet. Es gab sogar eine Zeit, in der solch in den Wäldern zusammengeharktes Laub in den Bergen verkauft wurde. Vielleicht wäre dies eine Lösung für die vielen Rotbuchenbesitzer; ich fände die Idee, unser Buchenlaub in die Schweiz zu verkaufen, sehr sympathisch. Vielleicht noch ein abschließender Tipp: Wenn Sie das Buchenlaub durch den Häcksler schicken oder mehrfach mit dem Rasenmäher darüberfahren, dann kann sich das Zusammengeharkte auch viel schneller zersetzen. Am besten, man legt einen Extrahaufen für das geschredderte Laub an, das kann dann nach zwei Jahren als Mulch auf die Beete.

Sehr geehrte Frau Pape,

zurzeit haben wir Probleme mit einer Vielzahl von Regenwürmen. Die
Würmer drücken die Erde an vielen Stellen der Rasenfläche nach oben. Der Rasen wirkt dadurch sehr lehmig und matschig. Wie kann man die Würmer schonend entfernen?
Vielen Dank für Ihre Hilfe, mit freundlichen Grüßen, S. D.

Guten Tag, Herr D.,

bei dem oben genannten Wurmproblem handelt es sich, wie mein italienischer Freund Maurizio zu sagen pflegt, um „Kacka di Wormi", ein sehr wertvolles Produkt, letztendlich Erde, sehr wertvolle Erde, wie sie sonst auch im Kompost entsteht. Und da haben Sie auch gleich die Antwort auf die Frage, warum Sie Würmer im Rasen haben. Wer wenig oder nie harkt, oder vielleicht gar einen Mulchmäher benutzt, hat viel organisches Material auf der Grassode liegen und darüber freuen sich die Würmer. Diese kleinen Wurmhäufchen sind übrigens gar nicht schlecht für den Rasen und helfen sehr gut der Durchlüftung, weshalb überhaupt der Mulchmäher erfunden wurde. Auch freuen sich die Würmer über nicht geharktes Laub und Blätter, doch wenn Sie das auch nicht entfernen, wird die Rasenfläche sozusagen zum Komposthaufen. Scherz bei Seite, wenn es Ihnen nichts ausmacht, keinen Golfrasen zu haben, dann lassen Sie die Wurmhäufchen in Ruhe, sie werden sich im Frühjahr verteilen und sind guter organischer Dünger für den Rasen. Allerdings sollten Sie dann jetzt noch einmal mit einem Herbstrasendünger düngen, damit genügend Kraft in der Grasnarbe bleibt, um den Winter zu überstehen, denn der Wurmverwertungsprozess verbraucht viel Stickstoff und andere Spurenelemente.

EIN GARTENJAHR NEIGT SICH DEM ENDE ZU

―

Ich bin in jedem Jahr gleichermaßen hingerissen von der Fähigkeit einiger Pflanzen, auch unter den kältesten und unangenehmsten Umständen samtweiche Blüten zu produzieren.

―

Schneebälle

▸............ ES GIBT EINE REIHE VON GEHÖLZEN, die man sich unbedingt schon vor dem Winter in den Garten pflanzen sollte, da man sonst ihre Winterpracht verpasst. Ein echter Favorit, der sich bereits in die nächsten Monaten von seiner besten Seite zeigt, ist der Schneeball. Und in der Tat gibt es eine Reihe von Arten, die richtig runde, schneeweiße Bälle produzieren, wobei Sie als Gartenbesitzer immer darauf achten sollten, dass die Bälle auch stark duften, denn dieser Duft verströmt sich im trüben Frühjahr in einer Reichweite von bis zu 10 m. Meine zwei Lieblinge sind zum einen *Viburnum × bodnantense* 'Dawn', der zwar nicht weiß, sondern rosa blüht, dafür aber dieses Schauspiel auch tatsächlich zweimal zu bieten hat, einmal im März/April und mit einer zweiten Blüte ab November. Zwischendrin produziert er dann noch eine hinreißende rotviolette Herbstfärbung. In der übrigen Zeit würde ich ihn eher als unaufdringlich beschreiben, daher sollte er unbedingt in den Hintergrund und nicht in den Vordergrund eines Beetes gepflanzt werden. Der beste Ort ist der Vorgarten, da betört er uns dann jeden Morgen mit einer ersten Duftwolke, die man ganz genüsslich mit ins Büro nehmen kann. Er blüht an einem völlig nackten Busch, jedenfalls hat man das Gefühl, der Strauch blüht geradewegs aus den Ästen büschelweise, im Unterschied zu anderen Sträuchern. Schauen Sie sich diese einfach einmal selbst an, dann wissen Sie, was ich meine.
Der zweite Strauch meiner Wahl ist *V. farreri*, der Duftschneeball. Er blüht zeitgleich mit dem vorher Genannten, ebenfalls zweimal, und beginnt die Blütezeit mit einer rosafarbenen Knospe, die dann in Weiß übergeht. Allerdings kann durchaus festgestellt werden, dass meine beiden Lieblinge keine ballartigen Blüten haben, da gibt es noch Artgenossen, deren Blüten eindeutig klarere Kugelformen aufweisen. Zum Beispiel mag ich auch den Osterschneeball (*Viburnum × burkwoodii*) sehr, der echte schneeweiße Bälle trägt, jedoch erst Ende

April bis Mai blüht. Zu dieser Zeit ist im Garten schon so viel anderes los, sodass der Schneeball für mich dann einfach zu spät kommt. Allerdings muss man ihm zugute halten, dass er immergrün ist und sich sogar in bitterkalten Gegenden hält. Eine echte Plage dagegen ist der Gemeine Schneeball *(Viburnum opulus)*, der macht momentan seinem Namen alle Ehre, denn sein gesamtes Blattwerk wird jahrein jahraus ab Mai von den Larven des Schneeballblattkäfers völlig skelettiert, was ihn spätestens Mitte/Ende Juni äußerst trostlos aussehen lässt. Dieses Schadbild tritt fast ausschließlich beim einheimischen Schneeball auf, daher würde ich den gefüllten Japanischen Schneeball *(Viburnum plicatum)* empfehlen. Er zeigt zur gleichen Zeit, also im Mai/Juni, eine atemberaubend spektakuläre, schneeweiße Blüte. Bei Sturm gleicht das Ganze dann eher einer wüsten Schneeballschlacht.

.... Ein empfehlenswerter Verwandter ist der breitwachsende Etagenschneeball Viburnum plicatum 'Mariesii' (den deutschen Namen habe ich mir ausgedacht, weil die Blütenstände auf den Ästen wie auf Etagen sitzen)..

Er wird in den Gartenbüchern und Baumschulkatalogen immer als kleiner Strauch von 1,5-2 m ausgewiesen, aber bitte glauben Sie denen kein Wort, denn an einem guten Standort und mit einem glücklichen Händchen kann er 3-4 m hoch werden. Wer also wirklich einen kleinen Strauch haben möchte, der genauso wunderbar sät und weiß blüht, sollte den kleinen Bruder namens *Viburnum plicatum* 'Watanabe' kaufen. Apropos späte Blüte: Ich finde, dass die späten Schneebälle kaum noch duften. Am schönsten duften meines Erachtens die ganz frühen Schneebälle, die noch am kahlen Strauch blühen. Die übrigen blühen alle im grünen Kleid und diese können auch noch im nächsten Frühjahr gepflanzt werden. Wenn Sie sich aber noch in diesem Winter etwas Duft im Garten wünschen, pflanzen Sie bitte im Herbst.

Verpackungskünste

▸............ DIE JAPANISCHE PFLANZENVERPACKUNGSKUNST im Garten hat mich schon immer inspiriert. Da jetzt aber so viele, unglaublich hässliche Produkte zur Pflanzenverpackung auf dem Markt sind, ist es mir ein Anliegen, eine schönere und auch natürlichere Variante vorzustellen. Für die Japaner ist es eine Kunstform, nicht ganz winterharte Bäume und Sträucher in elegant arrangierten Gebilden aus Bambusstangen zu verpacken. Und auch dort spielt ein ganz gewöhnliches Naturprodukt eine zentrale Rolle: das Herbstlaub. Ich lese ständig, man solle Stroh, Heu und andere Dämmmaterialien kaufen, um diese als Isolierung in von Jute oder Plastik umhüllte Töpfe zu stopfen. Ich bin sprachlos, denn haben wir nicht gerade bergeweise Laub in den Gärten zusammengeharkt und wissen nicht, wohin damit? Genau! Laub ist das beste und ohne Frage das kostengünstigste Isoliermaterial, um Pflanzen in Kübeln, Töpfen und Containern im Winter zu schützen. Man kaufe sich eine Rolle Hühnerdraht, 50 bis 60 cm breit, was sich natürlich zunächst nicht unbedingt sexy anhört. Je nach Größe des Trogs legen Sie nun einen Hühnerdrahtring um den zu verpackenden Trog und lassen etwa 10-15 cm Luft zwischen Topf und Draht. Bei großen Töpfen mit einem Meter Durchmesser darf der Hohlraum zwischen Topf und Draht auch gut 25-30 cm betragen. Wir verfahren bei unseren großen Oliventrögen so. Die beiden Hühnerdrahtenden werden dann zusammengesteckt oder ineinander verbogen, damit ein fester, geschlossener Ring entsteht. Zuletzt füllen Sie den Hohlraum komplett mit gemischtem Laub auf. Gemischt deshalb, weil manche Laubsorte schneller kompostiert. Wer also nur langsam verrottendes Rotbuchen- und Eichenlaub verwendet, erhält am Ende eine hübschere Konstruktion als derjenige, der nur schnell vergehendes Obstlaub einfüllt. Trockenes Laub ist besser als nasses. Das Laub meiner Eiche im Garten und das der Ebereschen des Nachbarn ergeben eine gesunde Mischung, die auch gut aussieht.

Am schönsten sind natürlich rote Ahornblätter, die allerdings nicht jeder hat.

.... Beim Einfüllen des Laubs ist zu beachten, dass die verschiedenen Lagen regelmäßig fest angedrückt werden, damit die Laubpackung im Winter keinen Spielraum zum Nachsacken lässt. ....

Sollte es sich bei der zu schützenden Pflanze um einen Stamm handeln, wie zum Beispiel der Palme und dem Baumfarn in meinem Garten, setzt man auf den ersten einen zweiten Drahtring und eventuell, je nach Stammhöhe, nach dessen Verfüllung noch einen dritten. Für den Amateur ist das allerdings nicht empfehlenswert, denn es handelt sich bei uns um ein Experiment, um zu beweisen, dass diese Pflanzen auch ohne beheiztes Zelt den harten, deutschen Winter überleben. Bei Ihren Trögen und Töpfen sollten Sie auch darauf achten, dass sie von unten geschützt werden, indem sie auf eine Laubschicht gestellt werden, die den direkten Bodenkontakt vermeidet. Toll ist diese Methode besonders für echte Terrakotta- und Tontöpfe, sie erleiden dadurch keinen Winterbruch und sehen im Frühjahr nach der winterlichen Blattkurpackung wie neu aus. Wichtig ist auch, dass die immergrünen Pflanzen, vor allem bei sanfteren Temperaturen, ab und an gegossen werden, denn sobald der Boden auftaut – und das kann um Weihnachten oder im Januar/Februar schon mal passieren – braucht die Nadel oder das Blatt Wasser für die Fotosynthese. Wer das Laub richtig stopft, wird feststellen, dass der Hühnerdraht mehr und mehr in den Hintergrund tritt, indem sich die Blätter in ihrem „Gefängnis arrangieren". Probieren Sie es einfach mal und Sie werden staunen, wie viel Laub Sie pro Trog brauchen, da passt richtig viel hinein und im Frühjahr kann diese Laubpackung auf den Kompost, welcher bis zum Herbst dem Anhäufeln der Rosen dient.
Und noch eine Bitte: Verwenden Sie keinen grünen Hühnerdraht, der sieht mit braunrotgelbem Laub nicht schön aus.

Zwiebeln zu Weihnachten

▸............ ZWIEBELPFLANZEN WIE AMARYLLIS, HYAZINTHEN und einige Narzissen können so kultiviert werden, dass sie zu Weihnachten blühen. Allerdings muss im Gartenhandel geklärt werden, ob diese Pflanzen *präpariert* wurden. Dabei handelt es sich nicht etwa um einen chemischen Prozess, sondern den Pflanzen wird im Prinzip nur der Winter vorgegaukelt. Die Zwiebel wird nach der Blüte gedüngt und aus der Erde genommen, sobald die Blätter verwelkt sind, wodurch der fotosynthetische Aufbauprozess gestoppt wird. Daraufhin wird sie im Juli/August in eine Kühlung gelegt, d.h. der Pflanze wird ein vorzeitiger Winter vorgetäuscht und sie dadurch zum Wachstum angeregt, wenn sie dann ab September in den Gärtnereien liegt. Wer sich zu Weihnachten blühende Zwiebeln wünscht, sollte nur bereits ausgetriebene Pflanzen kaufen, also solche, die schon einen Knospenansatz zeigen, denn sonst klappt es nicht mehr. Hyazinthen sollten Anfang bis Mitte September, Amaryllis bis Mitte/Ende Oktober in einen Topf gesetzt werden. Gepflanzt werden diese beiden in gleicher Weise, zwei Drittel kommen unter die Erde und ein Drittel bleibt sichtbar. Entscheidend ist, mit Splitt durchsetzte Pflanzerde zu verwenden. Besonders die Amaryllis braucht unbedingt sehr offene, gut dränierende Topferde bestehend aus einem Drittel Splitt und zwei Dritteln humoser, gut gedüngter Erde. Hyazinthen stellt man an eine kühlen, dunklen Ort (bei ca. 10 °C) und wartet, bis sich ein etwa drei Zentimeter langer, grüner Spross zeigt. Für diesen Vorgang eignen sich am besten ungeheizte Räume wie Garagen, Geräteschuppen oder Keller.

.... In Hyazinthengläsern kann man das Pflanzenwachstum beobachten, was besonders für Kinder spannend ist. ....

Dabei wird die Zwiebel auf die obere Seite der sanduhrförmigen Vase gesetzt; das Wasser in der unteren Hälfte der Vase sollte bis einen Zentimeter unter die Zwiebel reichen. Damit sich unbedingt zuerst die Wurzeln bilden, wird die Zwiebel in Dunkelheit gehüllt, indem man ihr ein Hütchen aufsetzt. Dann dauert es bei kühlen Temperaturen nur etwa eine Woche, bis sich die kleinen, weißen Wurzeln zeigen, die sich rasant weiterentwickeln. Sobald der untere Teil der Vase voller Wurzeln ist, kann das Hütchen entfernt und die Pflanze auf die Fensterbank in der guten Stube gestellt werden. Wer jetzt noch Zwiebeln ansetzt, wird im Januar und Februar mit einer duftenden Fensterbank belohnt, gerade rechtzeitig, wenn der Winter beginnt, einem auf den Geist zu gehen. An einem kühlen Fenster, zum Beispiel im Schlafzimmer, hält sich die Blüte wesentlich länger. Ist das Hütchen abgenommen, blüht die Pflanze innerhalb von drei bis vier Wochen. Somit können Sie die Blütezeit gut selbst regulieren. Während die Hyazinthe in der Nähe der Heizung nicht glücklich ist, genießt die Amaryllis diesen Platz sehr. Allerdings sollte die Raumtemperatur 20 °C nicht zu weit übersteigen. Und, die Dame liebt es hell und möchte in vollem Sonnenlicht stehen, bevor sie blüht. Die Topferde feucht halten, nur von oben gießen und unbedingt überflüssiges Wasser aus dem Untersetzer abgießen. Ab und zu düngen, bis die Pflanze blüht und dann unbedingt aus der Sonne nehmen, hell stellen und einen etwas kühleren Ort (ca. 12-15 °C) finden, damit die Blüte so lange wie möglich hält. Präparierte Zwiebeln sind oft durch die Kältetherapie geschwächt und es lohnt sich daher nur selten, sie ein weiteres Mal zu verwenden. Ich behandle sie oft wie Einjährige, und wenn sie besonders schön waren, stecke ich sie im Frühjahr einfach ins Beet oder in einen Topf für die Terrasse – manchmal klappt's und sie kommen wieder. Es gibt auch sehr schöne präparierte Narzissensorten, wie zum Beispiel 'Paperwhite', die zu Weihnachten blühen, wenn man sie jetzt pflanzt.

Ölweiden für den Winter

▶............ MANCHMAL MUSS MAN EINE REISE UNTERNEHMEN, um alte Bekannte wiederzutreffen. So ist es mir in einer Woche ergangen, in der ich mich auf der botanisch eher kargen und trotzdem sehr beliebten Insel Sylt verstecken wollte. Ich habe hier nämlich nicht nur das Geheimnis der Sylter Rose, zu deutsch Kartoffelrose, gelüftet, sondern auch einen in England sehr beliebten Kleinstrauch wiederentdeckt: die Wintergrüne, und vor allem Immergrüne Ölweide (*Eleagnus* × *ebbingei*). Sie entstand bereits 1928 und ist eine Kreuzung aus der Dornigen Ölweide *E. pungens* und der Großblättrigen Ölweide *E. macrophylla*. Ich war nämlich davon ausgegangen, dass diese in unseren Gefilden völlig ungeeignet sei. Da ich sie hier aber auf den trockenen, winddurchpusteten Findlingsmauern wiederfinde, eröffnet mir ganz neue Möglichkeiten. Die Ölweide ist nämlich ein sehr schöner Kleinstrauch, der etwa 1,2- 1,5 m hoch und breit wird und dessen Blätter auf der Oberseite dunkelgrün und auf der Unterseite silbrig weiß sind. Ganz besonders ist an diesem sehr dichtwachsenden Stauch, dass er im Winter noch blüht.

.... Die Blüten sind zwar nicht wirklich eine große Sensation, verstecken sie sich sogar mehr oder weniger unter den Blättern. Aber der Duft der Blüten ist umwerfend süß, sodass er auch zur kalten Jahreszeit noch ein wertvoller Nektarlieferant für Insekten ist. ....

Die Blüte beginnt schon im Herbst, hält sich durch die Kälte allerdings oft bis Ende Dezember, manchmal sogar bis ins Frühjahr. Da in vielen Katalogen darauf hingewiesen wird, dass diese Ölweide nicht sehr winterhart ist, ist Vorsicht angesagt. Wenn ich aber sehe, dass dieser immergrüne Strauch die letzten, windigen und vor allem sehr kalten Winter auf Sylt überstanden hat, bin ich zuversichtlich. Ich werde sie jetzt mal in Innenhöfen als Hecken pflanzen, Innenhöfe sind auch in unserer sehr kalten Stadt meistens geschützt. Toll ist, dass Sand sie nicht stört, ganz im Gegenteil. Die Ölweide scheint ihn zu lieben, und davon haben wir ja auch recht viel in Berlin. Sie soll bis -17 °C vertragen. Ich werde das als Experiment einmal wagen. Diese Immergrüne ist jedenfalls eine sehr erfrischende Variante zu dem auch nicht ganz winterharten Kirschlorbeer, mit dem zusätzlichen Effekt des leuchtendweißen Unterblatts. In sonniger Lage ist sie nicht ganz so winterhart wie im lichten Schatten, was wiederum perfekt für die schattigen Hinterhöfe in der Stadt passt. Lehmböden oder Ähnliches mag sie übrigens gar nicht, sie rächt sich mit starkem Zurückfrieren im Winter. An richtiger Stelle kann es schon mal passieren, dass die Pflanze im Winter ihr Laub aus Not abwirft, wird sich dann aber im frühen Frühjahr wieder neu entwickeln. Dass sich diese Pflanze auf unseren Nordseeinseln so wohl fühlt, mag daran liegen, dass sie besonders gern unter und in der Nähe von bodentechnisch gleichgesinnten Pflanzen wie Bergkiefer *(Pinus mugo spp. mugo)* und der berühmten Sylter Rose wächst. Über dieses Phänomen der Sylter Rose *(Rosa rugosa)*, die eigentlich im Volksmund Apfel- oder Kartoffelrose heißt, hatte ich mich bereits öfter ausgelassen, weil wir in der Gärtnerei auf ihr immer sitzengeblieben sind. Seit sie Sylter Rose heißt, ist sie ein fast immer ausverkaufter Dauerbrenner. Übrigens sind die Sylter gar nicht so glücklich über die Einführung der *Rosa rugosa* auf der Insel, ist sie doch ein Fremdling aus Ostasien und wird deshalb auf Sylt auch als Kamtschatkarose bezeichnet; eine Wildrose, die 1845 nach Europa eingeführt wurde und seitdem durch Vögel, Wind und Wetter ganze Landstriche bevölkert. Und da ihre Saat besonders gut auf dem schönen Sand/Torfgemisch der Insel aufgeht, verdrängt sie so peu-à-peu die einheimische Flora, vor allem die Heide, die der Wuchskraft der Rose nicht gewachsen ist. Heute wird versucht, diese Rose aus Arten- und Biotopschutz in Landschaften wie Dünen oder Küstenheiden auszumerzen, was aber wegen des extrem hohen Regenerationspotenzials der Rose kaum noch möglich ist. Also bitte ich Sie, keine Sylter Rose mit nach Sylt zunehmen.

Wenn die Schneekirsche mit der Schneekönigin tanzt

▸............ ICH BIN IN JEDEM JAHR gleichermaßen hingerissen von der Fähigkeit einiger Pflanzen, auch unter den kältesten und unangenehmsten Umständen samtweiche Blüten zu produzieren. Und von zweien meiner Favoriten, einem Gehölz und einer Staude, soll heute die Rede sein, nämlich der jetzt bereits blühenden Schneekirsche und den hinreißenden Formen der Christrose. Besonders die Schneekirsche (*Prunus subhirtella* 'Autumnalis') wirft sich in manchen Jahren ganz besonders ins Zeug und öffnet schon im Dezember die ersten zwei kleinen, weiß-blassrosafarbenen Blüten – und das ohne Schnee. Nach und nach kommen täglich so zwischen drei bis sechs Blüten hinzu, sodass es eine ganze Weile braucht, bis dieser aus Japan stammende Kleinbaum/Großstrauch in voller Blüte ist. Fantastisch ist, dass viele der frühgeöffneten Blüten auf den Rest zu warten scheinen. Dabei hilft ihnen natürlich das kalte Wetter – allerdings kann es passieren, dass bei starkem Frost die offenen Blüten sterben. Dennoch ist es nicht selten, dass dieser vier bis fünf Meter hoch werdende Strauch bis ins Frühjahr blüht. In sehr kalten Jahren legt er zwar im Januar und Februar mal eine kleine Blühpause ein, legt dann aber gern in den nächsten kalten Monaten nach, lange bevor seine anderen Kirschkollegen überhaupt nur ans Blühen denken. Es ist aus meiner Sicht ein idealer Vorgartenstrauch/Bäumchen, da man sich durch den ganzen Winter hindurch an jeder einzelnen Blüte erfreuen kann. Und dann sind da ja noch die zu dieser Jahreszeit unersetzlichen Christrosen (*Helleborus*). Nicht wegzudenken sind sie nun aus den Gärten, vor allem aus den Balkonkästen und Trögen vor der Haustür um diese Jahreszeit. Ich glaube, dass die Winterhärte dieser sehr zähen Staude von vielen Pflanzenfreunden unterschätzt wird, Christrosen halten nämlich unglaublich viel aus. So stört es vor allem die echte Christrose *(Helleborus niger)*, auch Schneerose oder Nieswurz genannt, überhaupt nicht, die gesamte Weihnachtszeit in einem netten Übertopf links und rechts vor der Haustür zu stehen, während sich drinnen alle aufwärmen und viel zu viel essen. Dabei ist zu beachten, wenn das Wetter so ist wie jetzt, also eigentlich zu warm für die Jahreszeit, dann braucht sie auch hin und wieder etwas Wasser. Ansonsten lässt sie die Blüten hängen und verabschiedet sich kurz darauf.

Sobald der Boden dann im Frühjahr wieder offen ist, kann die Schneekönigin in den Garten gepflanzt werden.

Auch auf dem Balkon brauchen Sie sich keine Sorge um die kleinen, zierlich erscheinenden Knospen machen, die im Unterholz der dunklen Blätter zu nisten scheinen. Sie sitzen dort unten im Blütenknospennest und warten nur auf den richtigen Moment, sich auf die eigenen Füße zu stellen und aufzublühen. Manchmal kann man *Helleborus* ohne Blätter zu dieser Jahreszeit kaufen, die sind dann entfernt worden, damit man die Blüten besser sieht. Ich habe immer etwas Mitleid mit denen, die sehen so nackig aus, und ich stelle mir vor, die frösteln ohne den Blätterschutz. Ich weiß wohl, dass ein Tannenbaum zu Weihnachten unschlagbar ist. Aber ich verspreche Ihnen, dass nichts einen Menschen zu Weihnachten mehr erfreut als eine schön bepflanzte Schale mit der Schneekönigin. Sie wird Sie durch die ganze Weihnachtszeit und das ganze Kommen und Gehen der nächsten Wochen liebevoll begleiten. Und wenn Sie dann über Neujahr wegfahren, stört sie das auch nicht sonderlich, sie wird Sie mit neuen Blüten bei der Rückkehr empfangen. Welche Pflanze kann das schon?

Erna, der Baum nadelt

▸............ KENNEN SIE DIESES BEZAUBERNDE und noch dazu sehr amüsante botanische Drama vom Heiligen Abend bei Erna und Schorsch? Nein? Na, dann sollten Sie sich das mal im Buchhandel ansehen, es könnte Ihr Weihnachten völlig verändern. Wer sprachlich talentiert ist, kann auch die Version kaufen, die in etwa zwölf deutschen Dialekten geschrieben wurde. Aber zurück zum nadelnden Baum, denn auch mir ist das schon seit meiner Kindheit bekannt, dass viele Weihnachtsbäume schon ab dem ersten Tag in der Stube nadeln. Das kann zum einen an der Sorte liegen, also Fichten nadeln grundsätzlich wesentlich schneller als Tannen, aber auch daran, dass die Bäume vielleicht schon viel zu früh geschlagen wurden. Es gibt ja durchaus Weihnachtsbaumhändler, die verkaufen schon ab Anfang/Mitte November Weihnachtsbäume; und wenn die dann noch bei den jetzt herrschenden, warmen Temperaturen aufeinandergestapelt herumliegen, ist das kein Rezept für eine Weihnacht mit grünem Baum. Ob Sie es glauben oder nicht, auch der Tannenbaumständer macht etwas aus. Es ist nämlich sehr wichtig, in den ersten Tagen reichlich Wasser in den Tannenbaumständer zu gießen, da ziehen die Bäume nämlich noch mal richtig Wasser und verpflegen die Nadeln. Wer das nicht macht, muss sich nicht wundern, wenn sich die Nadeln drehen und vertrocknen. Übrigens ist das auch ein ganz guter Trick beim Baumkauf. Achten Sie darauf, ob die Nadeln gerade und glatt sind oder sich bereits drehen und leicht brechen. Dann ist die Tanne schon auf dem Weg in die ewigen Jagdgründe und hat in der Stube nichts mehr zu suchen.

.... Wer mal etwas ganz Besonderes ausprobieren möchte und gern länger etwas von seinem Baum hätte, der sollte es mal mit der sehr dekorativen Colorado- oder Grau-Tanne (Abies concolor) ausprobieren. ....

Es ist, wie der Name schon beschreibt, eine Tanne mit recht langen, geschmeidigen grauen Nadeln, die ich sehr dekorativ finde. Wir haben diesen Baumtyp in diesem Jahr für die Innendekoration der geheizten Gewächshäuser benutzt, weil ich es satthatte, jeden Morgen die Nadeln zu saugen, und das hat in der Tat unglaublich gut geklappt. Bis jetzt haben diese Bäume, die oft schon seit Mitte November in der Wärme stehen, keine Nadeln verloren und zeigen auch keine anderen Zeichen von Schwäche oder gar Austrocknung. Ganz im Gegenteil, bei regelmäßigem Wässern im Tannenbaumständer können die Bäume gut bis zu den Heiligen Drei Königen die Temperatur in der Stube ertragen. Darauf gekommen bin ich im letzten Jahr, da hatte eine gute Freundin nämlich ihren Weihnachtsbaum fast bis Ostern. Das ist zwar nicht erstrebenswert, aber da die Tanne bis dahin noch immer keine Nadel abgeworfen hatte, war dies ein gutes Zeichen für die Haltbarkeit. Toll ist auch, dass man die Colorado-Tanne ohne Weiteres an den Spitzen mit weißem Kunstschnee bestäuben kann. Das wirkt auf den grauen Nadeln sehr dekorativ und scheint die Tanne nicht zu stören. Zusammen mit der Korktanne *(Abies lasiocarpa)*, die etwas kleiner und gedrungener wächst und nicht so lange Nadeln hat, sind es momentan die Exoten auf dem Tannenbaummarkt. Übrigens hatte ich noch vergessen, den ungemein schönen, nadeligen Zitronenduft, den beide Sorten in der Stube verbreiten, zu nennen. Wer dennoch lieber traditionelles Grün kauft oder kaufen muss (über den Weihnachtsbaum entscheidet ja bekanntlich selten nur einer), sollte unbedingt auf Frische achten, damit auch zu Silvester noch Nadeln am Baum sind. Die Mutigen sollten ruhig mal eine Silbertanne, so nennt man die Colorado-Tanne auch, ausprobieren, es könnte eine Leidenschaft daraus werden. Und trotzdem bitte nicht vergessen: „Erna, der Baum nadelt" unter dem nicht nadelnden Baum vorzulesen. Für die Faulen auch gern auf Youtube, gelesen von Harry Rowoldt, ein echter Klassiker.

Man küsst sich unterm Mistelzweig

▸............ ZUNÄCHST DACHTE ICH, sich unterm Mistelzweig zu küssen, sei ein Brauch, der in aller Welt zelebriert würde, doch damit lag ich ganz schön falsch, denn dieses Ritual kam wohl aus Amerika über England zu uns. Wie dem auch sei, Hauptsache endlich mal wieder küssen. Die Tradition besagt, wenn man eine Beere pflückt, gibt es einen Kuss, bei zwei Beeren dann zwei Küsse und so weiter; und wenn keine Beeren mehr da sind, ist Schluss mit der Küsserei. Sie sollten also beim Kauf darauf achten, dass möglichst viele Beeren an der Mistel sind, wenn Ihnen etwas am Küssen liegt, wenn nicht, sind Sie selber schuld.
Es gibt viele Sagen und Bräuche um diesen mysteriösen Halbschmarotzer, der sich in Form von etwa 1400 Arten in aller Welt verbreitet hat. Diese Sagen reichen weit in die Zeit vor Christi Geburt, und so mancher fragt sich, ob die Mistel nicht bereits in einem Apfelbaum im Garten der Erkenntnis wuchs. Wie der Mistelzweig allerdings zur Weihnachtsdekoration wurde, ist nicht bekannt, seine Beeren reifen tatsächlich nur im Dezember, also passend zur Weihnachtszeit und all den Bräuchen.
Misteln wachsen bekanntlich hoch oben in den Baumwipfeln von Pappeln, Birken, alten Apfelbäumen und sogar in immergrünen Fichten, Tannen und Zedern trifft man sie an. Natürlich fallen sie zu dieser Jahreszeit hoch oben in den Wipfeln am meisten auf. Man muss schon sehr geschickt klettern, um an die schwer erreichbaren, besten Kugeln zu kommen, was wiederum der Grund für den hohen Preis ist. Vom Senegal über Japan, Wales und Schweden hängen die Misteln zwischen Himmel und Erde und sehen fast überall gleich aus, nur ihre Beeren haben hier und da eine andere Farbe, im Nahen Osten sind sie zum Beispiel gelb, orange und rot.

.... Verbreitet wird diese Pflanze durch Vögel, vielmehr durch den Vogelkot, denn unsere einheimischen, daheimgebliebenen Singvögel wissen, was gut ist, und lieben diese reifen, süßen Beeren im Dezember. ....

Deshalb fliegen sie auch besonders hoch hinauf, damit ihnen keiner die Beere streitig macht. Da stellt sich dann in den Baumgipfeln die Frage: Mit oder ohne Kern schlucken? Manch eine Amsel versucht am Ast die klebrige Beerenmasse vom Kern zu trennen und pflanzt so den Kern auf den Ast. Wer in Eile die Beere verschluckt, hat aber nicht minder Erfolg bei der Verbreitung, denn die Magensäure der Vögel unterstützt den Kern, sich im Frühjahr schnell auf dem Ast zu etablieren. Dort bildet die Mistel dann kleine Wurzeln, aus denen sich ein einziger Fortsatz durch die Rinde ins Holz der Wirtspflanze bohrt. Nun erst beginnt das ausgesprochen lange und ungemein gesunde Leben der Mistel, sie bildet Blätter und Astwerk aus und als sphärische Kugel geformt, ist ihr Himmel wie Erde gleich, sie schert sich nicht um die Erdanziehung. Sie ist einzigartig, wundersam und seit Jahrtausenden auch heilsam. Dies mag auf ihre eigene unglaubliche Überlebensfähigkeit und Robustheit hinweisen, denn die Mistel hat keine natürlichen Feinde, außer den Weihnachtsbaumkletterern. Kein Insekt hat Interesse an ihr, sie kann Frost und totale Dürre ertragen, ohne mit dem Blatt zu zucken, und stirbt erst, wenn der Wirtsbaum stirbt. So eine Mistel kann ohne weiteres 300-400 Jahre alt werden, allerdings nur wenn ihr Wirtsbaum auch so lange durchhält. Pappeln und Birken sind daher weniger geeignet, wohingegen Fichten und vor allem Zedern durchaus ein solch biblisches Alter erreichen können. Die Mistel wird als Halbschmarotzer bezeichnet, weil sie den Wirt nur als Quelle von Nährstoffen und Wasser benötigt, nicht aber zur Fotosynthese, diese vollzieht sie ganz allein.
Im skandinavischen Glauben ist die Mistel heilig und Krieger, die sich unter einer Mistel trafen, schlossen für einen Tag Waffenstillstand. Vielleicht sollten wir unsere Misteln dieses Jahr zu Weihnachten in die arabischen Länder schicken, anstatt uns darunter zu küssen.

Service

GÄRTEN:

Die Königliche
Gartenakademie
Altensteinstraße 15a
14195 Berlin-Dahlem
Tel.: +49 30 83220900
www.koenigliche-
gartenakademie.de

Foerster Garten +
Foerster Stauden
Am Raubfang 6
14469 Potsdam-Bornim
Tel.: +49 331 520294
www.foerster-stauden.de

Schau- und Sichtungs-
garten Hermannshof
Babostraße 5
69469 Weinheim
Tel.: +49 6201 13652
www.sichtungsgarten-
hermannshof.de

Mien Ruys
Moerheimstraat 84
7701 CG Dedemsvaart
Niederlande
Tel.: +31 523 614774
www.mienruys.nl

STAUDENGÄRTNEREIEN:

Arends Maubach
Staudengärtnerei
& Gartenkultur
Monschaustraße 76
42369 Wuppertal
Tel.: +49 202 464610
www.arends-maubach.de

Die Staudengärtnerei
Beerfeldener Straße 28
69483 Affolterbach
Tel.: +49 6207 605845
www.der-staudenshop.com

Hortvs, Peter Janke
Gartenkonzepte
Hochdahler Straße 350
40724 Hilden
Tel.: +49 2103 396556
www.peter-janke-garten-
konzepte.de

Staudengärtnerei
Gaißmayer
Jungviehweide 3
89257 Illtertissen
Tel.: +49 7303 7258
www.gaissmayer.de

Staudengärtnerei
Gräfin von Zeppelin
Weinstraße 2
79295 Sulzburg-Laufen /
Baden
Tel.: +49 7634 69716
www.staudengaertnerei.
com

Jan Spruyt -
Van der Jeugd
Mostenveld 30
9255 Buggenhout
Belgien
Tel.: +32 5233 7315
www.vasteplant.be

EINJÄHRIGE UND
KÜBELPFLANZEN:

Gärtnerei Hügin
Zähringer Straße 281
79108 Freiburg
im Breisgau
Tel.: +49 761 553725
www.ewaldhuegin.com

GEHÖLZE:

H. Lorberg
Baumschulerzeugnisse
Zachower Straße 4

14669 Ketzin /
Tremmen
Tel.: +49 33 23384-0
www.lorberg.de

Gerhard Borchers
Pflanzenhandel
Woldlinie 64
26160 Bad
Zwischenahn
Tel.: +49 4486 919610
www.borchers-baum-
schulen.de

ROSEN:

Rosenhof Schultheis
Bad Nauheimer Straße 3
61231 Bad Nauheim
Tel.: +49 6032 925280
www.rosenhof-schultheis.de

David Austin Roses Ltd
Bowling Green Lane
Albrighton
Wolverhampton
WV7 3HB
Vereinigtes Königreich
Tel.: 00800 77776737
www.davidaustinroses.com

BLUMENZWIEBELN:

Albrecht Hoch
Potsdamer Straße 40
14163 Berlin
Tel.: +49 30 8026251
www.albrechthoch-shop.de

Horst Gewiehs
Italienischer Weg 1
37287 Wehretal
Tel.: +49 5651 336249
www.gewiehs-blumen-
zwiebeln.de

SAATGUT:

Chiltern Seeds
Crowmarsh Battle Barns
114 Preston Crowmarsh
Wallingford OX10 6SL
Vereinigtes Königreich
Tel.: +44 1491 824675
www.chilternseeds.co.uk

Thompson and Morgan
Poplar Lane
Ipswich
Suffolk IP8 3BU
Vereinigtes Königreich
Tel.: +44 1473 806145
www.tandmworldwide.com

RASEN:

Dr. Alex Rollrasen
Züllsdorfer Straße 13/14
04886 Döbrichau
Tel.: +49 35365 2783
Fax: +49 35365 35542
E-Mail: mail@dr-alex-rollrasen.de

KUNSTRASEN:

Golden Green
Bernd Ritter
Sofienstraße 11
63225 Langen
Tel.: +49 6103 922512
Fax: +49 6103 922511
E-Mail: kunstrasen@golden-green.de

Tiger Turf
Tingietersweg 6c
2031 ES Haarlem
Niederlande
Tel.: +31 2330 40018
www.tigerturf.nl

SPIELGERÄTE:

KuKuK
Kunst Kultur
Konzeption
Rosenwiesstraße 17
70567 Stuttgart
Tel.: +49 711 3241 550
www.zumKuKuk.de

SIK-Holzgestaltung
Langenlipsdorf 54a
14913 Niedergörsdorf
Tel.: +49 3374 2799-0
www.sik-holz.de

FARBEN UND TAPETEN:

Farrow & Ball
Gebrüder Tonsor OHG
Beatrice und Andreas Tonsor
Kanstraße 34
10625 Berlin
Tel.: +49 30 3125091
www.tonsor.de

METALLARBEITEN:

Atelier Jens Rolfs
Saarbrücker Straße 14
10405 Berlin
Mobil: +49 172 31 30 115
E-Mail: jens.rolfs@AFR-berlin.de

WEITERE ADRESSEN:

Chelsea Flower Show
The Royal Horticultural Society
80 Vincent Square
London SW1P 2PE
Vereinigtes Königreich
www.rhs.org.uk

The National Trust
PO Box 574
Manvers
Rotherham, S63 3FH
Vereinigtes Königreich
www.nationaltrust.org.uk

MAGAZINE:

Deutschland:
Gartenpraxis
Verlag Eugen Ulmer
www.gartenpraxis.de

Mein schöner Garten
Hubert Burda Media
www.mein-schöner-garten.de

Vereinigtes Königreich:
The Garden
The Royal Horticultural Society
www.rhs.org.uk

The Plantsman
The Royal Horticultural Society
www.rhs.org.uk

Gardens Illustrated
Immediate Media Company Ltd
www.gardensillustrated.com

Belgien:
Les jardins d'Eden
Acer & Maze bvba
www.tuinenvaneden.be

Niederlande:
Onze Eigen Tuin
Amsterdam
www.onzeeigentuin.nl

Register

A

Abies 148
Aconitum 76
Agastache 'Black Adder' 125
Alchemilla mollis 56
Algen 104
Allium aflatuense 133
    christophii 52, 53
    giganteum 52
    jesdianum 'Shing' 133
    moly 132
    rosenbachianum 133
    schubertii 8, 133
Amaryllis 142
Amberbaum 131
Anemone, Herbst- 123, 125
Anemone × japonica 'Bressingham Glow' 125
    × japonica 'Honorine Joubert' 123, 125
    tomentosa 'Serenade' 125
Anzucht 18
Apfel 32
Apfelbeere 131
Apfelrose 145
Aronia 131
Aster 75, 122
Aurikel 28
Aussaat 18
Automatische Bewässerung 117
Azalee 47

B

Babyleaf-Salat 54
Balkan-Storchschnabel 91
Balkongemüse 54
Balldahlie 31, 113
Bangkirai 98
Bäume 20
Belag, Terrassen- 96
Betonklinker 94
Betonstein 97
Bewässerungsanlage 116
Blauregen 102, 103
Blumenzwiebeln für Weihnachten 142
Blütensträucher 32
Bohnen, Balkon- 55
Bongossi 98
Brombeere 61
Brunnen 105
Buchs 46, 108
Bulgarischer Schmucklauch .. 53, 133

C

Calamagrostis × acutiflora 'Karl Foerster' 34, 121
Campanula 57
    pyramidalis 'Alba' 59
Carex 34
Chelsea Chop 56
Chili 40
Chinaschilf 35, 113, 121
Christrose 10, 146
Clematis montana 102
Clematis-Schnitt 9
Cornus florida 32
    kousa 'Madame Butterfly' 32
    kousa 'Moonbeam' 32
    kousa 'Venus' 32
    kousa var. chinensis 'China Girl' 32
    mas 20, 32
    nuttalli 32
Cosmos 'Albatros' 59
Cosmos bipinnatus 59
    'Cosmos-Serie' 59
    'Dassler' 59
    'Daydream' 59
Cotoneaster 39
Crocosmia 'Lucifer' 125
Cyclamen coum 8

D

Dahlia 'Bishop of Auckland' 115
    'Bishop of Kent' 30
    'Bishop of Llandaff' 30, 114, 115
    'Bishop of Llandlar' 112
    'Bishop of Oxford' 30
    'Bishop of York' 30
    'Boom Boom White' 31
    'Checkers' 31
    'Dark Spirit' 115
    'Graaf Floris' 113
    'Hapet Charmant' 31
    'Hapet Diane' 31
    'Hapet Juwel' 31
    'Hapet Orange Sea' 31
    'Ivanetti' 31
    'Ivanetti Sport' 31
    'Jowey Mirella' 113
    'Lady in Black' 113
    'Moor Place' 113
    'Radiance' 115
    'Rancho' 31
    'Rip City' 115
    'Roter Schorsch' 31
    'Symfonia' 31
    'Twining's After Eight' 113
Deck, Holz- 98
Decke, wassergebundene 95
Deschampsia cespitosa 34, 121
Digitalis 76
    grandiflora 67
    lutea 67
    parviflora 67
    purpurea 67
Duftnessel 125
Duftschneeball 138
Duftveilchen 13
Dünger 42
Dünger, Rosen- 116
Duranta erecta 79

E

Echinacea 57, 121
Efeu 103
Ehrenpreis, Kandelaber- 124
Eibe 91
Eichblatthortensie 131
Eichenholz 98
Einfassung 100
Einjährige Pflanzen 58
Einkaufsquellen 68
Eisenhut 76
Eisenkraut 113, 125
Eleagnus macrophylla 144
    pungens 144
Elfenblume 24, 91
Epimedium perralderianum 24, 91
Erdbeere 60
Etagenschneeball 139
Eupatorium 57

F

Federbuschstrauch 131
Feldahorn 101
Felsenbirne 32
Festuca 34
Fetthenne 56, 112
Fingerhut 66, 76
Foerster, Karl 120
Fothergilla 131
Frauenmantel 56
Frösche 104
Frühlingsvorbereitungen 9

G

Gartengestaltung .... 80 ff., 88
Gartenplan .... 80 ff.
Gartenräume 92
Gartensandrohr 121
Gartenteich 104
Gaura 51, 58
Gemeiner Schneeball 139

Gemüse, Balkon- 54
Gemüsegarten 42
Geranium 'Kashmir White' 44
   'Rozanne' 125
   'Spessart' 45
   macrorrhizum 'Czakor' 91
   macrorrhizum 'Ingwersen' 45
   sanguineum 'Apfelblüte' 45
   sanguineum 'Max Frei' 45
Gestaltungselemente 93
Giersch 91
Glockenblume 57
Glyzine 14, 102, 103
Golderdbeere 39
Goldrute 57
Granit 96
Gräser 34, 120
Grünkohl 55
Gypsophyla 75

H
Hakonechoa 35
Hamamelis 131
Hartriegel 32
Hauptweg 95
Hecken 100
Helictotrichon 34
Heliopsis 57
Helleborus 146
   niger 10
   orientalis 10
Hepatica nobilis 26
Herbstanemone 123, 125
Herbstfärbung 131
Hexenringe 126
Himmelblüte 79
Holzdeck 98
Holzhäcksel 44
Holzterrasse 98
Hornveilchen 12
Hortensie 'Annabelle' 91

Hyazinthe 142
Hydrangea quercifolia 131

I
Ilex 91
Indianernessel 57

J
Jägerzaun 100
Japanischer Schneeball 139
Johannisbeeren 60
Jungfer im Grünen 59

K
Kaktusdahlie 114, 115
Kalimeris incisa 'Madiva' 112, 113, 122
   mongolica 'Antonia' 122
Kalium 42
Kamelie 15
Kandelaber-Ehrenpreis 124
Kartoffelrose 145
Kastanienminiermotte 62
Katzenminze 76
Kebony 99
Kiefer, Monterey 99
Kirsche 22, 32
   Schnee- 146
Klatschmohn 50
Kleinsteinpflaster 96
Kletterhilfen 102
Kletterhortensie 103
Kletterrose 72, 102
Kletterspindelstrauch 103
Klinker 97
Knöterich 112
Kompost 9, 38
Kopfsteinpflaster 96
Kornelkirsche 20, 32
Kranichschnabel 45
Kriechwacholder 39

L

Lampenputzergras 35
Lärchenholz 98
Lauch-Arten................................... 52
Leberblümchen 26
Lenzrose 10, 147
Liguster... 91
Liquidambar 131
Lückenfüller................................. 114
Luzula 34

M

Magnolia acuminata 20
    kobus 21
    × *loebneri*.................................. 21
    × *soulangeana*............................ 21
    stellata...............................20, 21
Magnolie 20
Maienkirsche................................22
Maschendrahtzaun 100
Miscanthus....................... 35, 113, 121
Misteln..150
Mohn..50
Mohn, Türken-..............................74
Molinia 35, 121
    caerulea 'Karl Foerster'................ 91
    caerulea 'Transparent' 91
    caerulea 'Windspiel'.................... 91
Monarda 57
Monterey-Kiefer............................ 99
Mössinger Sommer...................... 107
Mulch.. 44
Muschelkalk.................................. 97

N

Narcissus 'Paperwhite'.................. 143
Narzisse 127
Naturstein.................................... 97
Nebenweg.....................................95
Nectaroscordum siculum............53, 133
Nepeta cataria 76
    × *fassenii*................................. 77
    kubanika................................ 77
    prattii 77
    'Walker's Low' 77
Nicotiana......................................59
Nieswurz 147
Nigella damascena..........................59

O

Oleander 78
Olivenbaum 79
Ölweide......................................144

P

Pamicum...................................... 35
    virgatum 'Heavy Metal'............. 120
Papaver omiferum...........................50
    orientale..............................50, 74
    orientale 'Beauty of Livermere'.. 51
    orientale 'Black and White' 51
    orientale 'Karine' 51
    orientale 'Patty's Plum' 51
    orientale 'Raspberry Ruffles'....... 51
    rhoeas 50
Pennisetum 35
Peperoni 40
Petersilie...................................... 55
Pfeifengras 35, 91, 121
Pfeifenwinde 102
Pflanzen für den Vorgarten.......... 90
Pflanzkombinationen, besondere 112
Pflanzplan 88
Pflanzung von Gehölzen 130
    von Rosen............................... 109
    von Zwiebelblumen 132
Pflaster 96
Phlox...56
Phosphor......................................42
Pilze im Rasen 126
Planung .... 80 ff.

Platten 97
Pompondahlie 114
Prachtkerze 58
Präriekerze 58
Primula auricula 28
    hirsuta 28
    × *pubescens* 28
Privatsphäre 92
Promenadengrand 95
Prunus incisa 'kojou-no-Mai' 23
    kurilensis 'Brillant' 23
    subhirtella 146
    subhirtella 'Autumnalis' 23
    × *yedonensis* 23
Purpursonnenhut 121

Q
Quellstein 104

R
Radieschen 55
Ramblerrose 72, 102
Randeinfassung 94
Rankhilfen 102
Rasen 106
Rasenschmiele 121
Rasenweg 95
Raumteilung 100
Regenwürmer 134
Reitgras 121
Rhododendron 47, 48, 64
    yakushimanum 65
    'Catawbiense-Gruppe' 65
Riesenlauch 52
Rindenmulch 44
Rispenhortensie 91
Rosa rugosa 145
Rosen 32, 66
    düngen 116
    pflanzen 109
    Sommerschnitt 116

, Apfel- 145
, Kartoffel- 145
, Sylter 145
'Constance Spry' 73
'Guirlande d'Amour' 72
'Mme Alfred Carrière' 73
'Snow Goose' 72
Rotbuche 101, 134
Rotdorn 101
Rudbeckia 57

S
Salat 54
Samen 18
Sanddorn 61
Sandstein 97
Sanguisorba 113, 121
Schlafmohn 50
Schlehe 101
Schleierkraut 75
Schmuckkörbchen 59
Schmucklauch, Bulgarischer ....
.... 53, 133
Schneeball 21, 91, 138
, Gemeiner 139
, Japanischer 139
Schneekirsche 146
Schneerose 147
Schnitt, Chelsea- 56
, Clematis 9
, Frühling 43
Schnittlauch 52
Schönaster 112, 113, 122
Schwertlilie 69
Sedum 56
    'Matrona' 112
Seerosendahlie 31
Sichtschutz 92
Sitzplatz 92
Solidago 57
    'Fireworks' 113

Sommerblumen 107
Sommerurlaub 118
Sonnenauge 57
Sonnenhut 57, 121
Spalier 103
Spinnenblume 114
Stachelbeere 60
Standort für Pflanzen 88
Stauden 56
Staudenschnitt 56
Stein, Belag 96
Sternkugellauch 52, 53
Stickstoff 42
Stiefmütterchen 12
Stipa 34
Storchschnabel 44, 125
   Balkan- 91
Sträucher 21, 32
Sylter Rose 145

T
Tabak, Zier- 59, 114
Tannenbaum 148
Taubenbeere 79
Teak 98
Teich 104
Terrasse, Holz- 98
Terrassenbelag 96
Thermoesche 98
Thuja 101
Travertin 97
Trellis 103
Trompetenblume 103
Tropenholz 98
Tulpe 48, 127
Türkenmohn 50, 74

U
Überwinterung von Kübelpflanzen
.... 79
Unkraut 91

Urlaub im Garten 118

V
Veilchen 12
Verbena bonariensis 113, 125
Veronicastrum virginicum 124
Viburnum × *bodnantense* 'Dawn'.. 138
   × *burkwoodii* 21
   farreri 138
   plicatum 139
Viola 12
   odorata 13
Vorgarten 90

W
Waldsteinia 39
Waschbetonplatten 97
Wasser 104
Wasserdost 57
Wege 94
Weihnachten 142
Weihnachtsbaum 148
Weißdorn 101
Wiesenknopf 113, 121
Wildblumenmischung 107
Wilder Wein 102
Winterblüher 8
Winterschutz 140
Wochenendarbeiten 42

Z
Zaubernuss 8, 131
Zäune 100
Zierkirsche 22
Ziertabak 59, 114
Zwergkirsche 23
Zwiebelblumen 8, 91, 132, 142

Impressum

© 2015 Verlag Georg D.W. Callwey GmbH & Co. KG
Streitfeldstraße 35
81673 München
www.callwey.de
E-MAIL: buch@callwey.de

Die Deutsche Nationalbibliothek verzeichnet diese Publikation in der Deutschen Nationalbibliografie; detaillierte bibliografische Daten sind im Internet über http://dnb.de abrufbar.

ISBN 978-3-7667-2135-8

Das Werk einschließlich aller seiner Teile ist urheberrechtlich geschützt. Jede Verwertung außerhalb der engen Grenzen des Urheberrechtsgesetzes ist ohne Zustimmung des Verlags unzulässig und strafbar. Das gilt insbesondere für Vervielfältigungen, Übersetzungen, Mikroverfilmungen und die Einspeicherung und Verarbeitung in elektronischen Systemen.

LEKTORAT:
Dr. Folko Kullmann/Kullmann & Partner, Stuttgart
UMSCHLAGGESTALTUNG:
Claudia Eder, Konzept und Gestaltung, Augsburg
LAYOUT, SATZ UND ILLUSTRATION:
Claudia Eder, Konzept und Gestaltung, Augsburg
DRUCK UND BINDUNG: Stürtz GmbH, Würzburg
Printed in Germany
FOTOS/PHOTOCASE:
Schnee von gestern, moqua, Helgi, Dragon30, VaLu, mahey.foto, emoji, sylvie.bechle, kopflinie
FOTO DER AUTORIN: Martin U. K. Lengemann